Bothmer, Gymnastische Erziehung

Menschenkunde und Erziehung
42

Schriften der Pädagogischen Forschungsstelle
beim Bund der Freien Waldorfschulen

Fritz Graf von Bothmer

GYMNASTISCHE ERZIEHUNG

Herausgegeben von Gisbert Husemann

VERLAG FREIES GEISTESLEBEN

CIP-Kurztitelaufnahme der Deutschen Bibliothek

Bothmer, Fritz Graf von:
Gymnastische Erziehung / Fritz Graf von Bothmer.
Hrsg. von G. Husemann. – 2., bearb. u. erw. Aufl. –
Stuttgart: Verlag Freies Geistesleben, 1981.
(Menschenkunde und Erziehung; 42)
ISBN 3-7725-0242-3
NE: GT

Einbandgestaltung: Walter Krafft

1. Auflage Dornach 1959

Zweite, bearbeitete und erweiterte Auflage 1981

Satz: Knauer Layoutsatz GmbH Stuttgart

Druck: Greiserdruck Rastatt

Inhaltsverzeichnis

Dritter Teil

Vorbemerkung zur 2. Auflage

Die zweite, vorliegende Auflage der gymnastischen Erziehung von Fritz Graf von Bothmer (1883–1941) gab die erwünschte Gelegenheit, das Buch nach Text und Bildern völlig umzugestalten.

Der Text wurde durch Bothmers Zeitschriftenaufsätze und Stenogramme für Gymnastik-Demonstrationen auf Erziehungstagungen um fast das Doppelte vermehrt. Die Originalzeichnungen, mit denen Bothmer sein Werk illustrieren wollte, konnten, außer den schon in der ersten Auflage veröffentlichten Photos Graf Bothmers, für die neue Auflage reproduziert und textbegleitend eingefügt werden. «... das Werk will illustriert sein», schrieb der Autor am 6. 4. 1941 an Frau Elisabeth Dessecker.

So ist zu hoffen, daß das Buch dem wachsenden Interesse an der Bothmer-Gymnastik entgegenkommt. Es dürfte für die Turnlehrer anregend sein, die Entwicklung der Gymnastik von 1923 bis 1941 verfolgen zu können. Das Buch erscheint nun in der Schriftenreihe «Menschenkunde und Erziehung» der Pädagogischen Forschungsstelle beim Bund der Freien Waldorfschulen. Es ist ganz im Sinne des Autors, daß sein Werk an seinem Ursprungsort an der Waldorfschule in Stuttgart herausgegeben wird. Wenn im Text der Stenogramme die direkte Rede beibehalten wurde, so blickt der Leser unmittelbar in Bothmers Arbeit und in das ihn umgebende Kollegium in Stuttgart hinein.

An dieser Stelle möchte ich Frau Rose Aggeler-Dessecker, Frau Dr. Sonja Berger und Frau Alheidis von Bothmer für ihre Beratung und Hilfe herzlich danken. Der gleiche Dank gilt Herrn Arnold Bernhard. Er stellt den Raum und Gegenraum dar und schließt an die Arbeit von Olive Whicher (s. auch 1. Auflage) in reiner Gedankenübung an. Der Lehrplanvorschlag von Herrn Joh. Hörner sei dankend hervorgehoben. Herrn Claus Sproll möchte ich für seine Sorgfalt bei der Herstellung und dem Verlag für die Ausstattung anerkennend danken.

Gisbert Husemann

Zur Entstehungsgeschichte der gymnastischen Erziehung

Als Graf Bothmer 1922 nach Stuttgart an die Waldorfschule kam, stand er als früherer Offizier vor einer gänzlich neuen Aufgabe. Es galt, die körperlichen Übungen für den Turnunterricht so zu entwickeln, daß sie sich dem übrigen Unterricht harmonisch einfügten und nicht als Fremdkörper im Lehrplan wirkten. Das Menschenbild, das der Schule zugrunde lag, mußte auch für den neuen Unterrichtszweig maßgebend sein. Graf Bothmer[1] war sich dieser Verantwortung voll bewußt. Er stand im 40. Lebensjahr und kannte die Anthroposophie und Rudolf Steiner seit 20 Jahren von München her. Er fragte diesen, wie er sich auf die ihm zuteil gewordene Aufgabe vorbereiten solle? Die Antwort Rudolf Steiners lautete: «Freuen Sie sich darauf!» – So beiläufig das vielleicht klingen mag, in diesem Zuspruch wirkte für Bothmer ein Wort, das schöpferisch machte.

In der Folge stiegen in seiner Seele Erinnerungen an Erlebnisse auf, welche er in Hellas, in Athen, Delphi und Olympia als junger Mensch empfangen und seither als unbestimmte Sehnsucht in sich getragen hatte.

Hatte nicht Herakles die olympischen Spiele gestiftet? Herakles, der den nemëischen Löwen bezwang und sich dadurch zum Herren der physischen Kräfte machte. Diese Prüfungstat ist heute noch das Urbild eines Unterrichts, der das Ich zum Herrn des Körpers macht und nicht umgekehrt das Ich zum Sklaven des Körpers unterjocht. Plato verlangte (im »Staat«) von der Gymnastik, daß sie die Ansprüche des Körpers nicht als Selbstzweck erweitere, sondern daß sie diese einschränke zugunsten der geistigen und sittlichen Aufgabe des Menschen. Daher müsse der Körper abgehärtet und diszipliniert werden.

Erinnert man sich an solche Ursprünge der griechischen Erziehung, dann kann man empfinden, was der junge Goethe in seinem Bewegungssinn wahrgenommen und in Frage und Antwort zwischen Prometheus und Pandora

1 Der Lehrerkreis um Rudolf Steiner, Stuttgart 1979[2]

ausgesprochen hat. «Was hub im Tanze deinen Körper leicht auf vom Boden?» fragt Prometheus und Pandora antwortet: «Freude! Wie jedes Glied gerührt vom Sang und Spiel, bewegte, regte sich, ich ganz in Melodie verschwamm.»

Das Verhältnis von Ich und Körper, das Fallen und Aufrichten des Körpers, die Freude an der Bewegung und deren musikalisches Geheimnis sind Motive, welche wir bei Graf Bothmer wiederfinden. Es ging ein verjüngender Zauber durch den sportlich disziplinierten Körper bis in die Zeit zurück, wo Freude und Frohsinn zum Motiv und Kraftstrom körperlicher Bewegungen werden. Graf Bothmer konnte die leiblichen Entwicklungsschritte der Jugend in sinnvollen Körperstellungen begleiten, er hat sie im dynamischen Bewegungsfluß gymnastisch gestaltet. Hierin liegt seine originelle wegweisende pädagogisch-hygienische Leistung begründet. Man sieht: Die Anthroposophie liefert nicht nur für den geistigen Teil der Erziehung, sondern auch für den physischen Leib wahre menschliche Grundlagen.

Diese Grundlagen müssen heute deshalb viel schärfer ins Auge gefaßt und dem Erzieher bewußt werden, weil die Entartungstendenzen im Sportbetrieb nicht nur unbehindert wachsen, sondern sogar gutgeheißen schädigend in das Jugendleben eingreifen.

In seinem Buch (1947) über Sport und Erziehung schrieb der Lehrer und berühmte Weltrekordläufer und spätere gefragte Trainer Dr. Otto Peltzer: «Fußball führt zu ziemlich einseitiger Entwicklung des Körpers: kurze Beine, Grobknochigkeit und breite Hüften sind Merkmale des Fußballspielers, meist eine Folge zu vielen Spielens mit rohen, unfairen Mannschaften. Kein Spiel ist so nachteilig für die harmonische Entwicklung des jungen Körpers wie der Fußball und er ist daher als Ergänzungssport nicht anzuraten. Auch an der Schule sollte er nicht zu oft betrieben werden.»[2]

Im Röntgenbild des Fußes beispielsweise sieht der Facharzt bei erst zwanzigjährigen Fußballspielern solche Verschleißzeichen, wie sie normalerweise erst zwischen 55 und 65 Jahren auftreten. Es handelt sich also um eine vorzeitige Alterung im Sinne einer degenerativen Arthrose. Am Kniegelenk werden Meniscusschäden häufig operiert. Der Volkssport ist zugleich Gesundheitsschä-

2 Dr. Otto Peltzer: Sport und Erziehung; Gedanken über eine Neugestaltung 1947; Verlag der Greif. Wiesbaden

digung in großem Ausmaß. Dieses Beispiel zeigt uns die sportliche Gegenwelt der Massen.

Als Vorbilder der körperlichen Erziehung seien zunächst drei dem eigenen Körper zugewandte Sinne – Gleichgewichts-, Bewegungs- und Lebenssinn – in gebotener Kürze skizziert.

Wenn sich in der Wachstumsperiode das Körpergewicht stetig ansteigend vermehrt, dann wird in dieser Zeit der *Gleichgewichtssinn* im Felsenbein, der statische Sinn, fortlaufend beansprucht. Er begleitet, meistens unbemerkt, regulativ jede Gewichtsveränderung. Im Spiel und in der Gymnastik sowie im Turnen werden Erlebnisse des Gleichgewichtssinnes aufgesucht und geübt.

Sobald wir den Körper oder einen Arm, die Hand und den Fuß bewegen, so brauchen wir zum vorigen außerdem noch den Muskelsinn oder *Bewegungssinn.* Durch den Bewegungssinn werden die Kräfte (Lage- und Richtungsänderungen) unserer Gliedmaßen mit den Bewegungskräften eines äußeren Gegenstandes und denjenigen des übrigen Körpers in Einklang gebracht. Der Muskelmensch, in welchem vielerorts in Sehnen um alle Gelenke herum die betreffenden Sinnesorgane liegen, greift mit seinen Sehnenansätzen an den Knochenmenschen an, wie die Hände an einem Werkzeug. Die arbeitenden Muskeln verdichten sich zu Spannungen und erweichen in Entspannungen, wie in Dur und Moll. Sie laufen als Muskelspiel wellenförmig auf und ab. Das bildet die Bothmer-Gymnastik nach außen ab: den Kraftzuwachs in der geübten Straffung, den Kraftverlust in der Erschlaffung. An solchen Erlebnissen im *Lebenssinn* wird der Wille wach, den Körper zu beherrschen.

Von den drei genannten Sinnen strahlen Erlebnisse in die Seele ein.[3] Als junger Mensch kann man leicht fühlen, was für ein Nachbild der Bewegungssinn in die Seele strahlt: die Empfindung «des eigenen freien Seelischen». Die Freude in der Bewegung wird zum Freiheitsgefühl aus ihr. Das Nachbild des innerlich erlebten Wachstums wird im Lebenssinn zu dem: «ich fühle wachsende Kräfte in mir».[4] Dieses Gefühl kann sich später ganz ins Geistige verwandeln. Je älter der Schüler ist, desto eher kann er deutlich fühlen, welcher Art das Nachbild des Gleichgewichtssinnes ist: «innere Ruhe» strahlt dieser Sinn in die Seele

3 Dr. R. Steiner: Geisteswissenschaft als Taterkenntnis (8.8.20) GA 199

4 Derselbe: Die Erziehung des Kindes vom Gesichtspunkt der Geisteswissenschaft

ein. Je nach Lage der Dinge kann es von der größten Bedeutung sein, wenn der Lehrer einen Schüler darauf aufmerksam macht.

Die Statik und die Dynamik leben im Leibe; die Bewegung webt in Wechselbeziehung zur Seele; die Nachbilder zielen zum Geist. Körperübungen erfassen den ganzen Menschen. *Unmittelbar wirken sie leiblich, mittelbar moralisch.*

Die Aufgabe des Turnlehrers wurde von Rudolf Steiner in einer Lehrerkonferenz umrissen: «Der Turnlehrer hat den in dynamischer Beziehung idealistischen Menschen in seiner Seele und will in diesen Idealmenschen den Menschen, den er vor sich hat, hineinstellen.» (Konferenz vom 1. 3. 1923. GA 300/2. S. 295)

In den drei Nachbildern der körperlichen Sinne läßt sich der Idealmensch genauer bestimmen: Kraftgefühl (Leib), innere Ruhe (Seele), Freiheitsgefühl (Geist, Ich).

Gegenüber den sportlichen Verzerrungen stellt die Bothmer-Gymnastik selbst gleichsam eine Idealgymnastik vor uns hin, da sie das Gesetz des Menschen in sich trägt. Zugleich soll damit auch gesagt sein, daß sie manche noch unvollendete Züge enthält. –

Die neuere Geometrie könnte man die Geometrie des Muskelsystems nennen; denn der peripherische Raum, manifestiert im Muskelsystem, ergreift den Leib und bewegt ihn im zentrischen Raum. Gymnastik kann auf diese Art zur Muskelforschung beitragen. «*Gymnazein*» war ein Wort, das Aristoteles ausschließlich für die Gedankenübung benutzte.

Geht ein Lehrer der Körperbewegung forschend nach, so wird er auch angeregt sein, neue Übungen zu erfinden. Der hier gemeinten Erziehungsaufgabe dienen sie, wenn diese Neugestaltungen an der menschenkundlichen Grundlage, welche jeder Bothmer-Übung innewohnt, orientiert und durchgeformt werden.

Das Buch tritt in eine Welt ein, in der sich die Lehrer mit vielen Gegenkräften auseinanderzusetzen haben. Die Turnlehrer an den Waldorfschulen wollen sich ihrer hygienisch-moralischen Aufgabe bewußt werden, die Körperübung zu vergeistigen und energisch auf dem menschlichen Niveau festzuhalten. In der Bothmer-Gymnastik leben dieses Bewußtsein und die Energie. Das ist im Kern ihr Beitrag zur Erziehung des Menschen in der Gegenwart.

Dr. med. Gisbert Husemann

Kohlezeichnung: M. Wolffhügel

Erster Teil

Gymnastische Erziehung

Einleitung

Der Mensch bestimmt den Raum.
Er richtet sich auf und erhebt sein Haupt frei – *zur Höhe.*
Er fällt – *zur Tiefe.*
Er stellt sich fest mit beiden Beinen auf die Erde und spannt seine Arme aus – *zur Breite.*
Er richtet seinen Blick und Schritt nach einem Ziel, – nach *vorwärts* und durchmißt die Länge.
Er findet die Kraft des Widerstandes – *rückwärts.*
Er bildet mit den Armen den Umkreis nach; sie sind die Radien, *Strahlen.*
Seine Schädelform ist Abbild des Umkreises.
Der Mensch prägt so den Raum.
Erst *sein Bewußtsein* unterscheidet die Dimensionen und gibt ihnen Wert und Maß.
Es *ist der Mittelpunkt* und umspannt den Umkreis.

Eine Bewegungsschule, die in vielseitigem Kräftespiel das heranwachsende Kind anleitet, den unbegrenzten Raum immer neu auf diese Weise nach dem Bild des Menschen zu bestimmen und zu beleben, läßt den Raum als den größeren Menschen im Bewußtsein erstehen, überwindet die tote Vorstellung der Dimensionen und findet dafür in ihrer Dynamik die Sprache einer moralischen Welt, die vielfach und stark in die Bilder der menschlichen Sprache eingegangen ist. Richtunggebend für eine solche Schule ist einzig die Bewegung, welcher der Übende mit seinen Sinnen und seinem Denken folgt und deren Kräften er Form und Zeitmaß gibt.

Der in dieser Schrift dargestellte Übungsweg möge dies veranschaulichen.

Während es dem Menschen keinerlei Schwierigkeit macht, sich im Üben mit so lebendigen Raumbegriffen zu erfüllen, weil die Bewegung unmittelbar zu ihnen hinführt und sich darin selbst auszusprechen sucht, das Kind sie sogar ganz selbstverständlich und mit einer stillen Freude hinnimmt, weil es sich in ihnen geweitet und erhoben fühlt, wird es dem Leser dieser Schrift nicht so leicht sein, aus der beschreibenden Darstellung allein sich das rechte Bild zu machen und den Faden nicht zu verlieren. Es sei denn, daß er innerlich oder äußerlich der Dynamik der Übungen folgen kann.

Jede der dargestellten Übungen ist ein in sich abgeschlossenes Bewegungsbild, ein Ganzes, in das der Schüler hineinwächst. Einzelheiten, die für dieses bildhafte Verstehen erschwerend sein können, mußten dargestellt werden, da sie oft sehr wichtig sind, und denen eine Hilfe sein sollen, die den Weg dieser Gymnastik kennen und weiterbeschreiten wollen.

Der Übungsgang rechnet mit einer zwölfjährigen Schulzeit und umfaßt die ganze gymnastische Erziehung.

Die Übungen sind im und am Schulunterricht für die Altersstufen vom 9. bis 18. Lebensjahr, für Knaben und Mädchen gemeinsam, in bunter Folge entstanden. Sie haben ihr Gesicht oft genug gewechselt, bis sich die einzelne Übung und der Weg klar abzuzeichnen begannen.

Vieljährige Erfahrung des Verfassers als Turnlehrer an der Waldorfschule in Stuttgart, von 1922 bis 1938, schaut heute in dieser Schrift auf das Werden und Wachsen dieser gymnastischen Erziehungsarbeit zurück. Sie hatte keine andere Voraussetzung als das Vertrauen, das der Leiter der Waldorfschule, Dr. Rudolf Steiner, dem Verfasser schenkte, das ihn an die Schule berief und ihm freien Spielraum gab. Rudolf Steiner starb 1925, als diese Gymnastik noch in den Anfängen steckte. Er hat sie noch gebilligt.

In großen gemischten Klassen wurde sie neben Geräteturnen, Leichtathletik und Spiel geübt. Um 1926 war sie in ihren Hauptzügen erkennbar. Jährliche öffentliche Aufführungen gaben Zeugnis von ihrer Entwicklung.

Der Verfasser schuldet Dr. Rudolf Steiner, den Lehrern und den Schülern der Waldorfschule, die ihre Kraft für das Werden und Wachsen dieser Gymnastik einsetzten, tiefen Dank.

Im Kräftespiel der Bewegung einen größeren Menschen im unbegrenzten Raum erstehen und den begrenzten menschlichen Körper immer mehr in jenes Idealbild hineinwachsen, sich hineinrichten und -formen zu lassen, ist das Wesen dieser gymnastischen Erziehung. Sie begegnet dabei der Gegenkraft der

Schwere, die sich im Fall auswirkt und Kraft und Willen des Menschen wecken, aber auch lähmen kann.

Jeder feste Körper, also auch der menschliche, ist dem Fall unterworfen. In jeder Bewegung offenbart sich der Fall. Unsere Bewegungen folgen ihm und wirken ihm entgegen. Dies kann eine Beschleunigung oder Verzögerung des Falles bedeuten oder seine Überwindung. Zu beidem bedarf es unserer physischen Kraft, die von unserem Willen gelenkt wird. Dieser Wille kann erscheinen als Instinkt oder Trieb und ist dann dem Tiere verwandt. Der Wille ist jeder Steigerung fähig bis zum verantwortlich gefaßten Entschluß.

Das menschliche Stehen ist schon dauernde Überwindung des Falles durch den in unserer Aufrichtekraft wirkenden Willen. Der müde oder bewußtlose Mensch fällt; seine Aufrichtekraft hört mit dem Versagen des Willens oder des Bewußtseins auf.

Der hemmungslose Fall führt zum Nullpunkt aller Gymnastik, zum Liegen. Der Mensch hat darin die Aufrechte mit der Waagrechten vertauscht.

Im Sprung hebt er die Schwere bis zur Loslösung von der Erde auf. Um so tiefer muß er im Niedersprung wieder in sie zurücktauchen.

Gymnastik ist der bewußt geführte Kampf des Menschen mit dem Fall in den verschiedensten Spielarten und führt zu stets sich verändernden Gleichgewichtszuständen. Dieser Kampf ist eine Bewegungsschule von hohem erzieherischem Wert.

Zunächst ist der Fall eine physikalische Gesetzmäßigkeit. Die dadurch entstehende Bewegung läuft in mechanischen Bahnen ab. Jede menschliche Bewegung unterliegt diesen physikalisch-mechanischen Gesetzmäßigkeiten, die durch unser Knochengerüst und den Muskelorganismus wirken. Ihre Meisterung verlangt von dem Schüler Entwicklung seiner Kraft und Gewandtheit. Insofern ist Gymnastik eine Körperschule.

Jede gymnastische, d.h. freie Bewegung verläuft in Raum und Zeit. Höhe und Tiefe, Weite und Breite, Länge (die Richtung rückwärts – vorwärts) sind dabei nicht tote Begriffe, sondern werden als Richtkräfte, die den Menschen mit dem unbegrenzten Raum verbinden, empfunden. Aufrechte und Senkrechte, Waagrechte als Breite und als Zielweisende sind die Achsen des Raumes und der Bewegung und im Bau des Menschen bis in sein Gleichgewichtsorgan verdichtet. Indem die Bewegung die Dimensionen des Raumes durchläuft, treten diese in lebendige Erscheinung und werden von der Bewegung geformt. Die Formen und Kurven sind geometrischer Art. Ihr bewußtes Wahrnehmen und Gestalten ist Sache eines Denkens, das der Eigenbewegung folgt und sie als Bild im Raume schaut.

Jede Bewegung spielt sich auch in der Zeit ab. Ich hebe den Arm seitwärts und zur Höhe und lasse ihn nach der anderen Seite fallen. Es entsteht im zeitlichen Ablauf dabei ein Rhythmus, der des Kreises, der sich entweder schließlich in der Schwere erschöpfen, auspendeln muß oder aufgegriffen, fortgesetzt, gesteigert, verwandelt oder auch abgerissen werden kann. Er kann naturhaft ablaufen, aber auch geformt werden. Er ist das Spiel der Kräfte, der Atem der Bewegung, der im rhythmischen Organismus des Übenden fühlend wahrgenommen werden kann.

Die Aufgabe des Schülers ist, die Kraft des Falles als eine dauernd wirkende fremde Kraft zu erleben, sie in der Bewegung zu überwinden, diesen Kampf in sich wiederholendem oder veränderndem Bewegungsentschluß mit Ausdauer zu führen, den Bewegungen aus dem Empfinden und der fortschreitenden Erkenntnis Maß und Ziel zu geben und in ihnen sein Gleichgewicht zu behaupten. Dann wird er in dem Kräftespiel dessen Sinn als die Sprache jenes größeren Menschen vernehmen und aus den Kräften seines Denkens, Fühlens und Wollens den Bewegungsinstinkt aus dem Animalischen in das Reich des Moralischen erheben.

In Wahrheit, Kraft und Schönheit der Bewegung spricht sich die Folgerichtigkeit ihres Aufbaus, ihre innere und äußere Notwendigkeit sachlich aus, im einzelnen wie im ganzen Übungsgang. Die Bewegungsbilder ordnen sich Stufe um Stufe zum Weltbild. Gymnastische Schulung wird gymnastische Erziehung, wird Bildung.

Das Kind, das als Schüler vor uns tritt, verfügt über die naturgegebenen Kräfte, die es wachsen, im Raume sich aufrichten und bewegen lassen und die es formen. Der Erwachsene soll diese Kräfte sich schon zu eigen gemacht, d.h. ihnen die seinem erwachten Bewußtsein entsprechende Richtung, Formung und Prägung gegeben haben und dadurch als Ich im Erdenraum stehen.

Erst in der Schulzeit gewinnt das Kind ein Verhältnis zum dimensionalen Raum und seinen Gesetzmäßigkeiten. Zunächst lebt es noch in einem Seelenraum, den es als Bilderwelt in seinem Bewußtsein trägt, die auch die Welt des

Märchens ist und in dem kindlichen Spiel lebt. Das erwachende Bewußtsein läßt diese Welt allmählich abdämmern, und es tritt der seelenleere Raum mit seinen physikalisch-mechanischen Gesetzen hervor. Diese Entwicklungsstufe bahnt sich etwa um das 9. Lebensjahr langsam an und eignet sich für den Eintritt in die Raumschule der Gymnastik. Spiel und die Anfänge der Eurythmie sind schon vorher die beste Bewegungsschule des Kindes.

Die erste Stufe der gymnastischen Erziehung kennzeichnet sich durch die gymnastischen Reigen. Aus ihnen leiten sich dann die einfachsten gymnastischen Übungen selbst ab. Sie bleiben noch in den Bildern der Reigen verwoben; der Raum mit seinen Richtkräften wird in der Bewegung dem Kind auf diese Weise lebensvoll zum Bewußtsein gebracht. Dieser bewegte, lebensvolle Raum formt sich allmählich in Übungen geometrischen Charakters mit strenger Rhythmik. Der Schüler findet sich darin als Mittelpunkt ein- und ausstrahlender Kräfte und wird dadurch aus dem ersten «Wir» des Reigens raumesmäßig zum «ich» geführt.

Die bedeutsamste Entwicklungsstufe des Kindes während der Schulzeit ist der Eintritt der Geschlechtsreife. Sie stellt den Erzieher vor die schwierigsten Aufgaben. Der junge Mensch gewinnt in dieser Zeit die Fähigkeit, in seinem Denken, Fühlen und Wollen sich auf seine eigenen Füße zu stellen. Aus der seelischen und körperlichen Unbeschwertheit des Kinderlandes, in der sich ein gesundes Kind seines Körpers noch kaum bewußt ist, sackt es ab in die Schwere, in die Dynamik und Mechanik seines physischen Leibes – die Flegel- und Backfischjahre – und in dessen Problematik, wenn nicht starke Kräfte, vor allem künstlerischer Art, im Kinde aufgerufen werden. Gymnastisch kennzeichnet sich diese Schwelle der Entwicklung als der «Fall und seine Überwindung», der im 13., 14. Lebensjahre gymnastische Hauptübung wird. Er erscheint in zwei bedeutsamen Spielarten und erfährt in den folgenden Jahren verschiedenartige Abwandlungen. Er stellt gleichzeitig den entscheidenden Schritt in die 3. Dimension, den Raum, dar.

Als besonderes Übungsmerkmal im gewonnenen dreidimensionalen Raum erscheint das selbstgewählte Ziel. Mit ihm verbindet sich der Wille am stärksten, es ruft ihn auf und stellt ihm neue Aufgaben. Vom 15./16. Lebensjahr an ist die zielbewußte Bewegung, die auch im Schreiten hohen Ausdruck findet, das wesentliche gymnastische Motiv.

Ein größerer Mensch ersteht nun als Zeitwesen im Raume. Er siegt über die Technik der Bewegung, an deren Stelle er sinndurchdrungenes Leben aus dem Raume empfängt.

Wie «der Mensch» anders als sein Körper weder männliche noch weibliche Züge trägt, so herrscht auch in den Übungen der ersten Gruppe weder männliche noch weibliche Eigenart vor. Aus der gemeinsamen Wurzel entwickeln sich der «Fall in die schiefe Ebene» und der «lotrechte Fall». Ist dieser als «Fall in den Punkt» ein Bewegungsphänomen, das in seiner Überwindung reiche Möglichkeiten gibt, so entwickelt sich jener als «Fall in den Raum» in zwei Spielarten zu gleichem Reichtum der Bewegung, die eine mehr willenshaft betont, die andere mehr in fließenden Rhythmen. Sie sind für beide Geschlechter in gleichem Maße übenswert. In der räumlichen und zeitlichen Fügung zu Bewegungsgruppen schließen sie sich wieder zu höheren Einheiten zusammen. Ist der Fall und seine Überwindung dafür das sinnfälligste Beispiel, so lassen sich auch viele andere der dargestellten Übungen zu Paaren und Gruppen ordnen, wodurch die Sprache der einzelnen Übung noch viel eindringlicher, ihre Bedeutung für das ganze Gefüge dieser Gymnastik noch sichtbarer wird.

Darin spricht sich auch ihr aus der Sache geborener sozialer Charakter aus. Er ist steigerungsfähig bis zu dramatischen Spannungen. Eine leise Andeutung davon gibt der Reigen am Ende dieser Schrift, der die Zusammenfassung gymnastischer Übungen verschiedener Stufen des Volksschulalters ist.

Was sich in jeder einzelnen Übung und in dem darzustellenden Weg gymnastischer Erziehung immer deutlicher als eine innere Folgerichtigkeit aussprechen wird, ist nur der reinen Bewegung abgelauscht und abgelesen, offenbart sich aber schließlich als der rote Faden einer gesetzhaften Notwendigkeit, die im Geistigen des Menschen wurzelt und ihn im gymnastischen Üben jenen Ursprungskräften wieder verbinden kann.

Die Zeit vor der Geschlechtsreife

1. Reigen.

(9. Lebensjahr)

Wir kommen von der Weite her
Gelaufen und gesprungen,
Galopp, Galopp und trapp, trapp, trapp,
Galopp, Galopp und trapp, trapp, trapp,
Gelaufen und gesprungen.

Da steht für uns ein Haus gebaut,
Ist gar wohl bestellt,
Kommt, nun wird es angeschaut,
Wie es uns gefällt.

Spannet den Kreis,
Haltet ihn fest,
keiner im Bunde
Den andern verläßt.

Säulen so hochgetürmt,
Fenster so weit, –
Kommt herein,
Groß und Klein,
Immer zu zweit.

Machen die Fenster auf,
Weit in die Welt,
Himmelhoch,
Flügelweit –
Fest hingestellt.
Fensterlein zu –
Ruh.

Zu und auf,
Auf und zu,
Weiter auf,
Wieder zu –
Sieh, ich und du.

Ich und du, du und ich,
Suchen sich, finden sich,
Suchen sich, finden sich,
Ich und du, du und ich –
Schau, schau!

Wir haben uns ein Haus gebaut
Und haben's nun besehn –
Säulen so hoch,
Fenster so weit,
So soll es stehn.

Tam-ta-ra-la-tam-ta-ra-la ...

Die Kinder stehen in bunter Reihe, Buben und Mädchen, im Kreis. Sie geben sich paarweise die Hände und wenden sich so, daß die Paare hintereinander stehen. Dann beginnt der Lehrer den Reigen, rhythmisch betont, zu sprechen, wobei die Kinder im Kreis zu laufen und zu springen beginnen, zunächst in Paaren.

Im Weiterlaufen nach dem ersten Vers schließen sie wieder einen großen Kreis, der nach dem 2. Vers zum Stehen kommt. Kräftig nach dem Versmaß stampfend spannen die Kinder nun den Kreis im Gehen ganz weit aus, dann lassen Sie die Hände los.

Die «Säulen» erscheinen im sprungartigen Richten zur Höhe mit Erheben der Arme, die «Fenster» im Springen nach der Breite unter Öffnen der Arme.

Dann werden die Füße wieder im Sprung geschlossen, und je 2 Kinder wenden sich zueinander und geben sich beide Hände.

Jedes Paar schlüpft nun unter den beiden dem Kreisäußeren zugehörigen, erhobenen Armen hindurch, indem jedes Kind sich auf seinen Fußspitzen dreht, Rücken gegen Rücken. Die Arme werden dabei weit ausgebreitet; die Kinder stehen mit gekreuzten Beinen auf den Fußspitzen. Nun folgt das «Himmelhoch»-Heben und das «Flügelweit»-Breiten der Arme. In dieser starken Spannung werden dann die noch immer gekreuzten Beine fest auf den Boden gestellt.

Dann wenden sich die Kinder wieder paarweise zueinander, unter den erhobenen Armen durchschlupfend, in rückläufiger Drehung auf den Fußspitzen.

Dasselbe wiederholt sich, diesmal im Durchschlupfen unter dem anderen, dem Kreisinneren zugehörigen Paar der Arme.

Das «Weiter-Aufmachen» geschieht so, daß eines der beiden Kinder stehen bleibt und das andere, langsam sich drehende, mit hocherhobenen Armen im Kreis einmal um sich herumführt, bis sich beide wieder gegenüberstehen.

Diese Bewegung wird in dem «Ich und Du» wiederholt, abwechselnd von beiden Kindern, so daß eine Art liegender «8» gelaufen wird, aus je zwei gesprochenen Zeilen. Nach dem letzten «Du und Ich» wenden sich alle Kinder nach dem Kreismittelpunkt und klatschen zu dem «Schau, schau!» in die Hände.

Dann treten sie im Takt klatschend nach der Mitte des Kreises zusammen und wieder auseinander und wiederholen wie zu Beginn das Richten nach der Höhe und nach der Breite. Die Kinder schließen im Sprung wieder die Beine, wenden sich einzeln nach der Seite und laufen im Takt des «Tam-ta-ra-la...» hintereinander mit noch ausgebreiteten Armen im Kreis, bis der Lauf in einer Spirale zur Ruhe kommt. Dann machen alle kehrt, geben sich die Hände, und die Spirale öffnet sich schnell zum Kreis.[1]

1 Diesen Reigen ließ Bothmer vielfach so ausführen, daß die Kinder paarweise in einer Ecke des Saales aufgestellt waren und der Kreis erst im Laufen gebildet wurde. Dann endete er auch nach der Spirale nicht im Kreis, sondern verlor sich in der Weite, woher die Kinder gekommen waren.

2. Reigen

(9. Lebensjahr)

Ich stehe.
Ich gehe –
ich lauf meine Bahn –
ich springe, ich springe, ich spring
und halt an. –

Ich spring auf die Mauer,
ich schwing mich zum Turm,
Und läute die Glocken,
die Glocken im Sturm ...

Weit und breit
Und weit und hoch
Und noch weiter ...

Ich stehe.

Die Kinder stehen im Kreis und wenden sich nach der Seite, so daß sie einzeln hintereinander stehen.

Der Lehrer spricht stark rhythmisch den Reigen.

Die Kinder stellen sich aufgerichtet und mit geschlossenen Fersen fest auf die Erde.

Dann gehen sie gerade, aber ungezwungen, hintereinander.

Im Laufen halten sie sich natürlich.

Die Sprünge sind kräftig und passen sich dem Rhythmus des gesprochenen Wortes (◡ – ◡ ◡ – ◡ ◡ –) an.

Dann kommt der Lauf allmählich zum Stehen. Die Kinder wenden sich nach der Mitte.

Dann springen sie breit auf beide Beine mit weitgeöffneten Armen. Die «Mauer» steht breit und fest.

Sie lassen die Arme in einem weiten, lockeren Pendelschlag einmal durchschwingen und nehmen im Rückschwung des Pendels zur Höhe den ganzen Körper in die Aufrechte mit empor. Der «Turm» steht hoch und schlank.

Das Glockenläuten ist ein rhythmisches Schwingen des ganzen Körpers, geführt von den Armen, von der Höhe[2] zur Tiefe und zurück. Es mündet in einem kräftigen, nach oben sich streckenden, tiefdurchfedernd aufgefangenen Sprung. Die Arme begleiten diesen Sprung in einem großen Kreisen[3], das beim Aufrichten aus dem Niedersprung nach vorne in die Waagrechte einspielt. Dann schwingt der Ton mit den Armen aus:

«weit und breit und weit und hoch
und noch weiter ...[4]»

Die Kinder stellen sich wieder fest auf beide Füße und lösen die Arme aus der Weite. Diese Reigen sind gymnastische Vorübungen für die Kleinen. Sie können häufig wiederholt werden. Es lassen sich auch Einzelbewegungen daraus üben, auch das Laufen und Springen; nur sollen sie immer wieder in den Reigen eingegliedert werden.

Vormachen der Bewegungen ist besser als erklären.

Der Rhythmus der Übungen ist ebenso wichtig wie ihre Form.

Eingestreut zwischen die Reigen, mit erzieherischem Vorteil zu Beginn der Gymnastikstunde geübt, lassen sich kleine Übungen wie die folgenden machen:

«Stelle dich breit auf deine zwei Beine und hebe den rechten Zeigefinger so hoch du kannst. Nun bleibe fest stehen und zeige mir mit der Fingerspitze deine linke Fußspitze. «Da – ist meine linke Fußspitze.» Und nun richte dich auf, hebe den linken Zeigefinger hoch und zeige mir deine rechte Fußspitze ...

«Haltet euch im Kreis alle aneinander und zeigt mir mit eurer rechten Fuß-

2 Über vorne.
3 Von oben über die Seiten zur Tiefe.
4 Bei den Worten «weit-breit-weit» werden die Arme nach den Seiten geführt, bei «und» zweimal wieder nach vorne, das drittemal in der Breite nur nach oben umgewendet. So führt der Weg der Arme zur Höhe, «und noch weiter» über die Höhe hinaus «wachsen zur Weite», wie dies dann später bewußter erarbeitet wird. (Siehe Seite 42.)

spitze die linke Fußspitze – und nun das linke Knie ...» «Das ist meine linke Fußspitze und – das ist mein linkes Knie.» Spitz auf spitz und spitz auf stumpf.

«Legt die linke Hand ganz flach auf euren Rücken, hoch hinauf. Nun hebt den rechten Arm hoch und sucht mit der rechten Hand die linke zu fassen. Wer sie ganz fest hat, der tanze im Kreis ...»

Dasselbe wird im Wechsel der Arme weitergeübt.

3. Reigen

(10./12. Lebensjahr)

Machen die Runde,
Schritt um Schritt,
Tritt um Tritt,
Stunde um Stunde
Ziehen wir mit.

Gib mir die Hände,
Drehn uns im Kreis –
Nun ist's zu Ende,
Glück auf die Reis'.

Machen die Runde,
Schritt um Schritt,
Tritt um Tritt,
Stunde um Stunde
Ziehen wir mit.

Mein Weg geht dahin,
Deiner geht dorthin,
Dorthin den deinen,
Dahin den meinen
Wollen wir ziehen.

Tschín-tschin, tschin, tschín, tschin
Tschín, tschin, tschin
Tschín, tschin, tschin
Tschín-tschin, tschin, tschín, tschin
Tschín-tschin, tschin, tschín.

Rúm-rum, bum, búm, bum,
Rúm bum bum
Rúm bum bum
Rúm-rum bum búm bum
Rúm-rum bum búm.

Die Kinder stehen in zwei konzentrischen Kreisen; je ein Kreis der Buben und der Mädchen.

Sie marschieren hintereinander nach dem Takt im Kreis herum, die Buben nach der einen, die Mädchen nach der anderen Seite und deuten dabei mit den Händen Trommel- und Zimbelschlag an. Dann macht jedes Kind einen Ausfallschritt vorwärts in seiner Wegrichtung, sie mit einem oder beiden Armen weisend, um dann in schneller Drehung um die beiden Fußspitzen in die andere, entgegengesetzte Wegrichtung zu zeigen.

Dies wiederholt sich, und dann springen die Kinder, in ihrer alten Wegrichtung, wieder auf beide Füße nach vorne auf.

Nun geben sich je ein Knabe und ein Mädchen, wie sie einander zunächststehen, beide Hände und drehen sich mit ausgestreckten Armen wie ein Kreisel schnell auf der Spitze, die durch die vier Fußspitzen gebildet wird.

Dann hört das Drehen langsam wieder auf; die Paare schütteln sich die Hände, und jedes Kind wendet sich wieder in seine alte Wegrichtung.

Die Bewegung der ersten Strophe wiederholt sich.

Vor der ersten und nach der letzten Strophe kann der Lehrer die Kinder im Kreis marschieren lassen, wobei sie den Rhythmus des Reigens stampfend, den Klang und Schlag der Trommeln und Zimbeln nachahmen.

Höhe, Tiefe, Weite und Breite, wie sie eingehüllt in die Bilder der Reigen als «Säulen so hochgetürmt», «Fenster so weit», im «Sprung auf die Mauer» und im «Schwingen zum Turm» und schließlich im «Läuten der Glocken» zum Ausdruck kommen, mit ihren Wechselbeziehungen sind zunächst Grundrichtungen der gymnastischen Bewegung. Sie bedeuten schon ein sich Richten in den Raum.

Die Richtung vorwärts, gleichbedeutend mit dem Erfassen eines selbstgewählten Zieles, tritt gymnastisch erst um das 14./15. Lebensjahr auf, entsprechend der Bewußtseinsentwicklung des Kindes. Im Reigen

«Mein Weg geht dahin,
deiner geht dorthin ...»

ist diese Richtung auf ein Ziel im Bilde gegeben. Naturhaft ist sie auch bei dem jüngeren Kinde schon da, ohne daß dabei von einem räumlichen Zielbewußtsein gesprochen werden kann. Erst in den gymnastischen Übungen der Oberstufe tritt das räumliche Zielbewußtsein in den Vordergrund.

In den Reigen der Unterstufe ist der körperlichen Entwicklung und der Seelenhaltung des Kindes auf bestimmter Altersstufe Rechnung getragen.

Die beiden Reigen:

«Wir kommen von der Weite her ...» und
«Ich stehe ...»

sind dem Kindesalter vom etwa 9. bis 11. Lebensjahr, der letzte

«Machen die Runde ...» dem 10. bis 12. Jahr angemessen.

Diese Reigen finden entwicklungsgemäß hier ihren Abschluß. Das Kind wird auch gymnastisch auf seine eigenen Beine gestellt; aber der Übergang muß allmählich erfolgen.

Auch auf der höheren Stufe kann Gymnastik in Reigenform nach dem gesprochenen Wort geübt werden. Ein Beispiel dafür ist an den Schluß dieses ersten Teiles gestellt. Es ist reine Gymnastik. Auf der Unterstufe ist die natürliche Gemeinschaft der Kinder im Reigen und seinen Bildern der Boden, auf dem die gymnastische Bewegung erwächst; auf der Oberstufe kann die bewußte, hochgesteigerte und in ihrem Wesen selbsterkannte gymnastische Leistung des einzelnen in reigenartigen oder dramatischen Formen neue, höhere Gemeinschaft bilden.

Zu solch einem Reigen und anderen ließe sich begleitende Musik an Stelle des gesprochenen Wortes schaffen.

Spiel zwischen Schwere und Leichte

Wie aus den Reigen selbst Bewegungen entnommen und zu gymnastischen Übungen entwickelt werden können, so lassen sich von diesen aus auch weitere Übungen ableiten, die geraden Wegs auf die nächsthöhere Stufe hinüberleiten. Hat es sich bisher um ein richtiges Hineinstellen in den Raum gehandelt, so tritt nun allmählich auch das *Spiel zwischen Schwere und Leichtigkeit* in das Gebiet des Übens ein.

Der aufrecht stehende Mensch hält das Gleichgewicht zwischen der ihn abwärts ziehenden Schwerkraft und der die Schwere überwindenden, nach oben strebenden Aufrichtekraft, die in ihrer Gegensätzlichkeit zur Schwere «Leichte» genannt sein möge.

Das der Geschlechtsreife sich nähernde Kind beginnt, diesen Gegensatz in sich zu fühlen. Er wird von der Gymnastik aufgegriffen und wird ihr Inhalt.

Im Fall findet dieser Kampf seine Katastrophe und seine Wende.

Bis dahin wird er im leichteren Stil geführt als ein Spiel zwischen Höhe und Tiefe. Die in den Reigen gewonnenen Raumrichtungen werden dabei weitergeformt.

Beispiel:

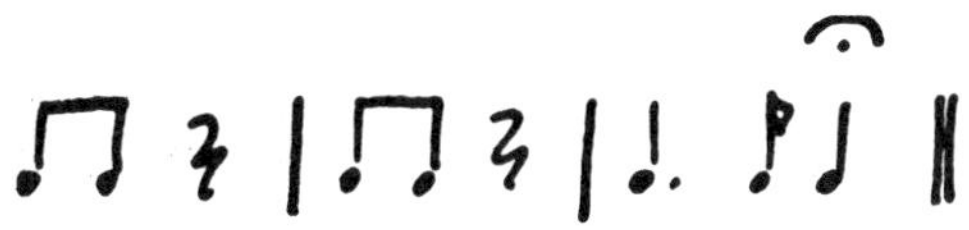

Springen nach der Breite mit Ausbreitung der Arme und Zurückspringen zur Grundstellung. Wiederholung. Dann abermaliges Springen nach der Breite mit Hochrichten der Arme, ein ganz kurzes Zurückspringen in die Aufrechte und Zurückkehren in die Grundstellung.

Beispiel:

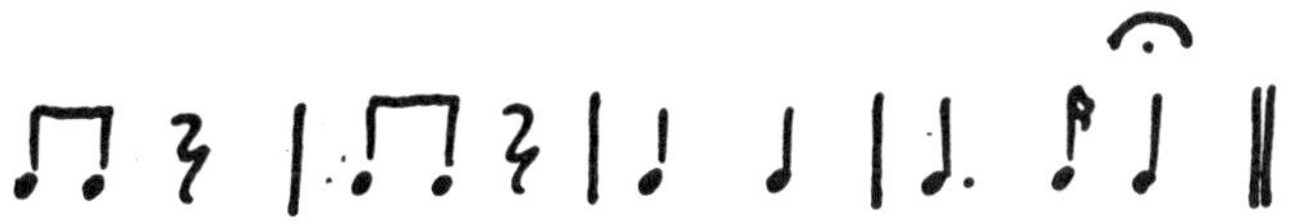

Dieselbe Bewegung wie oben. Nach dem dritten Sprung Durchschwingen der Höhe durch die Tiefe, Wiederaufwärtsschwingen mit unmittelbar folgendem Sprung in die Aufrechte; Zurückkehren zur Grundstellung.

Diese zwei einfachen, kräftigen Rhythmen können im Wechsel oder auch gleichzeitig, z. B. der eine von den Knaben, der andere von den Mädchen nach dem Taktieren des Lehrers geübt werden.

Ein weiteres Spiel zwischen «Schwere» und «Leichte», Breite, Höhe und Tiefe

Beispiel:

Zweimaliges federndes Springen nach der «Breite» (Schwere) und wieder zurück zum Gleichgewicht der Grundstellung; dann nochmal (3. Takt) zur Breite und von da aus entweder in ein einfaches Hüpfen mit geschlossenen Beinen oder vorwärts – rückwärts in schrittartigem, abwechselndem Vorsetzen eines Fußes bis zur Berührung des Bodens mit der Fußspitze («Leichte»).

Der Lehrer spricht:

«Schwe-re,
Schwe-re,
Schwer-leicht, leicht,
Schwer-leicht, leicht,
Schwe-re.»

Oder Beispiel:

wie oben, aber 5. Takt:

«Schwer – la la leicht –
Schwere.»

Steigerung: durch Viertelsdrehung beim Sprung in die Schwere oder Vorwärtshüpfen beim Sprung in die Leichte, z. B. das eine für Knaben, das andere für Mädchen.

Wesentlich bereichert wird die Übung, wenn die Arme lose und lang beim «Sprung in die Schwere» zur Breite, beim leichten Hüpfen zur Höhe geschwungen werden, so daß der Rhythmus auch so ausgesprochen werden kann:

«Brei-te, –
Brei-te, –
Breit-hoch, hoch,
Breit-hoch, hoch,
Brei-te.«

Durch die Teilnahme der Arme erhält die Bewegung Weite und wird nun erst vom strömenden Atem durchzogen. Der obere Organismus übernimmt die Führung, die er bei allen Übungen haben soll.

Viel Aufmerksamkeit gilt es der Schulung der Füße zuzuwenden, sie sind zwar naturhaft oft recht geschickt, aber dem Bewußtsein am weitesten entrückt. Das Bewußtsein in sie hinunterzulenken, sie in dessen Führung zu bringen zu sinnvollem Beginnen, sie immer mehr zu feingegliederten Tastorganen zu machen, entspricht ihrem einzigartigen menschlichen Bau. Unterliegt der menschliche

Körper der Schwere, so sind es die Füße und Beine, die durch ihre feinabgestufte Gelenkigkeit diese Schwere zu überwinden vermögen. Alle Übungen in dieser Richtung sind aufweckend für den ganzen Menschen.

Ebenso aufweckend ist das bewußte Erfassen einer in der Bewegung entstehenden Raumform. Es lohnt sich, die auf dem Boden oder im Raum entstehenden Formen sich genau zu vergegenwärtigen. Bei den letztgenannten Übungen kann sich der Schüler zeitweise selbst zuschauen, welche Formen seine Füße auf den Boden und welche Formen seine Hände in den Raum zeichnen.

Der Erwachsene kann diese Formen, von oben, vorne und der Seite gesehen, zu Papier bringen; jedoch sollten die Übungen erst gymnastisch beherrscht sein.

Jede gymnastische Übung läßt sich mehr vom Gesichtspunkt der *Raumformung*, des *Rhythmus* oder der *reinen Kraftentfaltung* betrachten und üben.

Die bewußte Raumformung setzt den schon stärker, insbesondere geometrisch entwickelten Verstand, die größere Wachheit voraus. Die einseitig entfalteten physischen Kräfte zerstören die gymnastische Bewegung, in ihnen äußert sich die animalische Natur. Der Rhythmus ist das eigentliche Element der Bewegung, zumal beim Kinde. Er schafft Harmonie zwischen oben und unten, dem kühl formenden Denken und dem chaotisch befeuernden Willensanstoß. Der Rhythmus ist eine heilende Kraft, die Kraft der Mitte, die im strömenden Atem und pulsierenden Blut sich immer neu erschafft.

Die gymnastischen Rhythmen sollen objektiv sein, d.h. sich aus dem Kräftespiel entwickeln und sich gewissermaßen selbst anbieten. Sie sollen nicht von anderen Gebieten, etwa der Musik, entlehnt und über die gymnastische Bewegung gestülpt werden. Das Primäre bleibt die Bewegung. Jede gute gymnastische Übung hat ihren Rhythmus in sich selbst. Selbstverständlich kann aber auch aus der Bewegung das begleitende Wort oder die begleitende Musik gefunden werden.

Dreieck mit Stab

Mit einem Schulbeispiel, das in seinem Kräftespiel und in der Raumformung sehr vielseitig und doch leicht überschaubar ist, kann der Lehrer den etwa elf- bis zwölfjährigen Schüler aus den Vorübungen in das Reich der eigentlichen Gymnastik einführen:

Lehrer und Schüler nehmen je einen Holz- oder Kupferstab in beide Hände und legen ihn vor ihre Füße.

«Der Stab liegt. Ich stehe.
Unten – oben.
Tiefe – Höhe.
Waagrechte – Aufrechte.

«Ich stelle mich nun so breit, wie der Stab vor mir liegt, fest auf meine zwei Füße. Damit nähert sich die Aufrechte, die Höhe der Waagrechten, der Breite. Die Höhe baut sich als *Dreieck* über der Grundlinie, dem Stab, auf. Die sich erhebenden Arme weisen zur Höhe, zur Spitze.

«Die Höhe schwingt sich herunter zur Tiefe, schwingt einmal ganz durch, teilt sich im Rückschwung, ergreift die Grundlinie, den Stab, in ihrer ganzen Breite und trägt sie zur Höhe. Dabei entstehen vorübergehend zwei sich spiegelnde Dreiecke.

«Dann erhebt sich der Kopf, und als letzte Folge des Aufrichtens schließen sich die Füße im Sprung auf die Spitze. Nun ist die Spitze unten; oben die Grundlinie, die Breite.

«Das Dreieck steht auf der Spitze.»

«Nun nimmt die Grundlinie, der Stab, hinter Kopf und Rücken den Weg von der Höhe zurück zur Tiefe, zunächst bis zur Körpermitte. Dabei entsteht ein kleines Dreieck in der Mitte. Ich stelle mich wieder fest auf den Boden.

«Hinter der Körpermitte springt die Grundlinie wieder nach vorne um[5] und kehrt zur Tiefe, zum Anfang, zurück.»

«Nun liegt der Stab wieder.»

«Ich stehe.»

Die Grundlinie (der Stab) kann auf ihrem Rückweg von der Höhe zur Tiefe vorübergehend frei als Waagrechte auf dem Kopf und dann auf dem gebeugten

5 Das Umspringen geschieht zuerst durch einen gleichzeitigen Griffwechsel beider Hände, dann wird der Stab von einer Hand nach vorne geführt und dort wieder mit beiden Händen gehalten, jedoch nicht mehr an seinen Enden, sondern entsprechend den hängenden Armen weiter innen.

Nacken des Übenden ruhen. Das Dreieck bleibt dabei auf der Spitze stehen. Die Arme senken sich.

Ferner kann auf höherer Stufe des Übens sich das auf der Spitze stehende Dreieck nach rückwärts zu seiner Spitze herunterschwingen, wie das Dreieck am Anfang sich zu seiner Grundlinie heruntergeschwungen hat, und dann wieder aufrichten.

Das in seiner Statik erlebte Dreieck wurde in Bewegung gebracht und ging in der wechselnden Beanspruchung des Körpers, in den Rhythmen und im Wahrnehmen der vielfachen Verwandlungen als Raumesform ein vielseitiges, leicht überschaubares Kräftespiel ein, das als harmonisches Körpergefühl weiterwirkt.

Quadrat mit Stab

Das *Quadrat* liegt, gymnastisch gesehen und geübt, in der Waagrechten.

Der Übende betrachtet sich als Mittelpunkt oder vertikale Achse und baut es, Seite nach Seite, mit dem an den Enden gefaßten und in Schulterhöhe gehobenen Stab als Quadratseite und den beiden Armen als Radien, um sich herum, darauf bedacht, die vier Seiten in gleicher Höhe, die vier rechten Winkel dicht, die Radien ungebrochen straff zu halten. Dann rollt er das Quadrat wieder, Seite nach Seite, ein.

Das Quadrat ergreift den Knochenmenschen stärker als das Dreieck. Es hat nicht, wie dies eine ihm innewohnende Dynamik, daher auch gymnastisch keinen Rhythmus. Das Dreieck läßt sich sogar gelegentlich rein auf seinen Rhythmus hin üben.

Dreieck ohne Stab

War der Stab das greifbare Maß, der Maßstab der geometrisch geformten Übungen, so bedeutet sein Weglassen und sein Ersatz durch das maßhaltende Bewußtsein eine Steigerung. Dies tritt ein, wenn im Üben des Dreiecks die nach dem Herabschwingen sich teilende Spitze nur das körperlose Maß der Grundlinie,

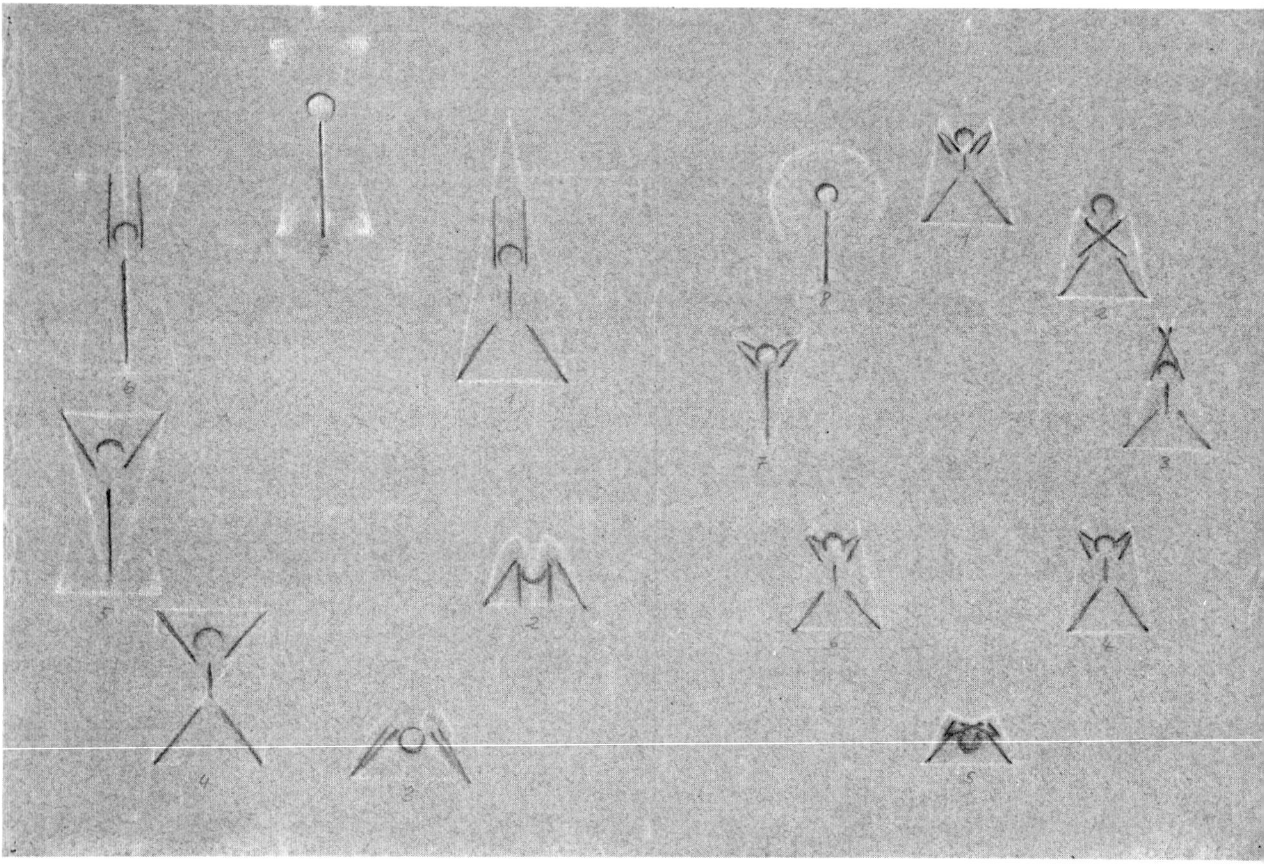

Dreieck ohne Stab (Beschreibung S. 33)
Beginn rechts oben; Uhrzeigersinn

Das gestaute Dreieck (S. 35)
Beginn oben Mitte im Uhrzeigersinn

gemessen von Fußspitze zu Fußspitze, nimmt. Die Verwandlung des Dreiecks erfolgt dann der mit dem Stab geübten ganz ähnlich. Am Schlusse löst sich der Übende aus der Spannung des umgestürzten Dreiecks[6] wieder heraus, richtet sich nochmals zu der den beiden Dreiecken gemeinsamen Höhe und kehrt zu dem «Ich stehe» zurück.

6 Das Dreieck steht auf der Spitze.

Das gestaute Dreieck

Die Verwandlung des Dreiecks ohne Stab, von dem Augenblick an, wo sich die Spitze herunterschwingt zur Grundlinie, ist strömende Kraft.

Das Bewegungsbild ändert sich sofort vollkommen, sobald die Spitze des Dreiecks durch eine von oben ruhig drückende oder *schlag*artig wirkende Kraft nach der Mitte gestaut wird. Die dabei anzuwendende Kraft, gesteigert durch Ballung der Fäuste, äußert sich in starker Muskelspannung, in welcher die durch die Gliedmaßen ein- und ausströmende Kraft sich staut. Sie drängt nach einer gewaltsamen Entladung. Diese erfolgt in einem *Stoß* der Arme über Kreuz, wobei die gestaute Kraft über den Mittelpunkt ins Leere stößt und nun in eine starke Bindung der gekreuzten Arme gerät. Hier scheint die Bewegung in einem toten Punkt sich verfangen zu haben. Im Suchen nach Raum *wuchten* die gekreuzten Arme nach oben, über den Kopf hinweg und finden Widerstand im Genick. Die Spannung wächst. Der unter dem starken *Druck* einknickende Dreieckstumpf (Rumpf) schafft eine scheinbare Entspannung. Über diesen abermaligen toten Punkt trägt die Aufrichtekraft wieder zur Höhe, der Kopf erhebt sich gegen den Zwang der gebundenen Arme, und selbst der Dreieckstumpf springt nun mit einem Sprung auf die Spitze. Nun hat das gestaute Dreieck eine nach unten gerichtete Spitze, während die gestaute Höhe sich bis zum äußersten Widerstand erhoben hat. In diesem Augenblick öffnet sich der Widerstand aus dem Mittelpunkt der noch immer im Genick gekreuzten Arme, und diese führen, einen Kreis beschreibend, das Dreieck in die Aufrechte zurück.

«Ich stehe.»

Dies Dreieck mit der eingestülpten Spitze ist als Raumesform und Formverwandlung schwerer überschaubar als das einfache Dreieck; der Übende muß sich bemühen, von Anfang an dem Weg dieser Spitze durch Schlag, Stoß, Wuchten und Druck zu folgen und sie auch in den stärksten Verzerrungen nicht aus dem Auge zu verlieren; erst im allerletzten Ausklang der Bewegung steht sie unerwartet in reiner Höhe wieder da und läßt den Übenden den Übergang von der gestauten in die strömende Kraft als Befreiung erleben.

Gestaute Bewegung entwickelt in besonderem Maße die Muskelkraft, hemmt aber leicht den Atemstrom. Sie ist bei tiefem Durchatmen eine gesundende

Oben links:
«Der Rhythmus» (S. 42)

Oben rechts:
«Die Kreisschlingen» (S. 37)

Mitte links:
«Quadrat mit Stab» (S. 33)

Mitte rechts:
Die drei Kreise (S. 74)

Unten:
«Das gestaute Dreieck» (S. 35)

Kraft, wenn sie durch rhythmische Auflösung immer wieder in den Fluß der Bewegung, in das freie Kräftespiel, zurückgeführt wird.

Dies Kräftespiel tritt weiter in lebendige Erscheinung in einer Art Fortentwicklung des zuletzt dargestellten Dreieckes mit der eingestülpten Spitze. Diese Fortentwicklung gehört jedoch nach dem Grad ihrer Ansprüche an Bewußtheit, Gleichgewichtsbeherrschung und Rhythmik einer wesentlich höheren Stufe an. (Siehe Seite 61.)

Der rollende Stab

Den Übungen mit dem Stab sei noch eine solche von nicht ausgesprochen geometrischem Charakter angefügt, die an Raumgefühl, Gleichgewicht und Geschicklichkeit erhebliche Anforderungen stellt.

Der Stab liegt in den herabhängenden Armen. Er wird waagerecht mit gestreckten Armen aufwärts geworfen und auf den Handrücken der vorwärts gehobenen Arme aufgefangen. Dann werden in tiefer Körperbeugung die Arme, den Stab in den abgewinkelten Handgelenken, gesenkt. In kräftiger Aufrichtebewegung werden die Arme wieder hochgehoben. Dabei rollt der Stab über die Arme, den noch gebeugten Kopf und die Schultern und wird dann mit beiden Händen hinter dem Rücken aufgefangen. Der Stab rollt dabei dem sich aufrichtenden Körper entgegen. Dann drücken die beiden rückwärts herabhängenden Arme gestreckt den Stab nach hinten wieder hoch, bis er über die gestreckten Arme zurückrollend im Genick liegt. Dort erfassen ihn beide Hände von rückwärts, heben ihn hoch und führen ihn wieder nach vorne abwärts.

Diese Übung verläuft im wesentlichen außerhalb des Gesichtsfeldes des Übenden.

Die Kreisschlingen

Ein großer Reichtum raumformender und rhythmischer gymnastischer Bewegung läßt sich aus der Dynamik des Kreises entwickeln. In ihren einfachsten Formen gehört die folgende Übung noch der unteren Stufe an, in ihrer Entwicklung zieht sie sich durch die mittlere und obere Stufe gymnastischer Erziehung hindurch:

Wird der eine der lose herabhängenden Arme seitlich aufwärts geführt, z. B. der rechte Arm nach links, und dann über den Höhepunkt weiter, so beginnt der Arm zu fallen und erschöpft seine Bewegung in einem Auspendeln nach unten. Bewirkte das Heben die Menschenkraft, so die Schwerkraft das Fallen. Die Menschenkraft hat zuerst die Schwerkraft überwunden, dann wurde sie von der Schwerkraft ausgeschaltet. Es entstand so in Spannung und Lösung ein einfacher Rhythmus. Dieser ließe sich beliebig wiederholen, fortsetzen, steigern. Wird der Kreis von der Höhe allmählich bis zur tiefsten Tiefe erweitert, so entsteht im fallenden Ast der Bewegung ein starker Schwung, der willkürlich verstärkt werden kann.

Wird der Übende, der die Bewegung, bald sich aufrichtend, bald in sich zusammensinkend, bald sich drehend, begleitet, von diesem Schwung ergriffen, so führt ihn diese Kraft in eine Art seitlich schreitender Bewegung. Aus dem Kreis werden Kreisschlingen, deren Schwung von dem Übenden gesteigert werden kann, der sich aber dabei wiederum stark von der sich entfaltenden Form und dem Rhythmus der Bewegung führen läßt. Hier befeuert der Rhythmus die Form und die Form den Rhythmus. Es ist ein sehr lebendiges Wechselspiel zwischen Übendem und Übung; sie kann zum Bewegungsrausch gesteigert oder bis zur klarsten Raumformung beherrscht werden.

Die raumformende Besinnung beginnt größere Anforderungen an den Übenden zu stellen, wenn er die in der Ebene verlaufenden Kreisschlingen auch in die dritte Dimension hineinführt[7], indem er sich nach jeder Kreisschlinge umwendet, bald rückwärts, bald vorwärts, ohne dabei Strom, Richtung und Zusammenklang der oberen kreisenden und der unteren schreitenden Bewegung zu verlieren. Dem Üben mit einem Arm folgt bald das mit zwei gleichlaufenden Armen; damit wächst auch die Schwierigkeit, die Kurven der doppelten Kreisschlingen zu überschauen.

In allen Varianten bleibt der einfache Rhythmus des Anfangs erhalten.

In diesen naturhaften Ablauf kann dadurch stark formend eingegriffen wer-

7 Die Umdrehungen geschehen um 180°, so daß alle Kreisschlingen in einer Ebene liegen.

Der Sturz (S. 60)
Beginn oben Mitte; im Uhrzeigersinn nach rechts im Kreise

Die Kreisschlingen (S. 37)
Oben, von links nach rechts
Unten, von rechts nach links

den, daß die letzte Kreisschlinge nicht nur nach der Höhe, sondern über sie hinaus in einer weitgespannten Spirale nach innen geführt wird. Der Körper wird dabei von beiden Füßen, vorwiegend von dem äußeren, in der Schwebe gehalten. Aus dem tiefsten Punkt der Spirale kehrt die Bewegung langsam über die Höhe wieder in den Rhythmus der Kreisschlingen zurück, um am anderen Ende wieder in die Spirale einzumünden.

So entsteht eine Art großen Pendelschlags.

Die Spirale erfordert die Geschicklichkeit und das Raumbewußtsein einer höheren Stufe, sonst wird sie mechanisch. (Siehe Seite 74.)

Der Sprung in den Mittelpunkt

Der aufrecht stehende Mensch ist Form und Bild der auf- und abwärts strömenden Kräfte in ihrem Gleichgewicht.

Im Sprung vermag er der Höhe in begrenztem Maße zu folgen. Die Gegenkraft der Tiefe staut sich am Widerstand der Erde.

Das einfachste Spiel dieser beiden Kräfte wird ausgelöst durch ein federndes Schwingen des Körpers in der Aufrechten: eine nahezu eindimensionale Bewegung, die, bis zu einem gewissen Grad gesteigert, wieder abebben oder sich entfalten muß.

Dies Schwingen wird anfangs mit ruhenden, dann mit erhobenen Armen geübt[8].

Entfaltet sich die schwingende Höhe nach oben, so kann dies in einem großen Kreis nach beiden Seiten geschehen. Er durchschwingt die Tiefe, wo sich die beiden Kreishälften überkreuzen, um sich im Gewinnen der Höhe wieder zu entkreuzen. Diese einfache rhythmische Übung kann wiederholt werden, indem sie jedesmal wieder von der schwingenden Höhe ausgeht, oder indem der in der Höhe zur Ruhe kommende Kreis durch einen leisen Ansprung sich wieder nach der Weite entfaltet.

Die Radien der beiden Halbkreise überschneiden sich nach dem Tiefpunkt ihres Weges und berühren mit diesem Schnittpunkt auf dem Rückweg zur Höhe die Mitte des großen Kreises.

Diese Verschränkung der beiden Halbkreise, des Rechts und des Links, auf die Mitte kann verstärkt werden durch eine gleichzeitige Zusammenziehung des Oben und des Unten nach der Mitte. In einem Sprung, der aus dem großen

8 Handflächen vorne.

Der Sprung in den Mittelpunkt
Beginn oben links

Der Rhythmus (S. 43)
Beginn oben links

Kreisschwung entsteht, ballt sich für einen Augenblick der ganze Körper[9] zum Mittelpunkt des Kreises. Dieser springende Punkt findet seine Lösung und sein Gleichgewicht, indem er nach dem Niederspringen nach der Breite ausstrahlt und im ausgebreiteten Stehen, gerichtet nach dem Fünfstrahl, zur Ruhe kommt.

9 Die Hände werden dabei zur Faust.

In pendelartigem Schwingen der Arme kehrt die Bewegung dann wieder zum Ursprung, zur Höhe, zurück.[10]

Dies Hochschwingen kann auch von einer Drehung um 180° begleitet sein.

Die Entfaltung der Höhe in den Kreis, sein kurzes Ballen in den Mittelpunkt und dessen Ausstrahlen in den Raum stärken das Raumbewußtsein des Schülers. Der Rhythmus findet in dem federnden Schwingen der Höhe, im darauffolgenden ruhigen Kreisen und dem jähen Sprung, der dann ganz zur Ruhe kommt, ferner in der Kraft des Pendelschwunges weiten Spielraum. Die körperliche Beanspruchung des Übenden ist eine entsprechend hohe.

Das Kräfteverhältnis des Fünfstrahls, der «Breite», war abgeleitet worden aus dem Sprung in den Mittelpunkt des großen Kreises.

Dies Kräfteverhältnis kann auch einfach hergestellt werden, indem der Schüler sich breit in den Raum stellt, die Breite zum Ausgangspunkt seiner Bewegung nimmt. Der folgende pendelartige Schwung zur Höhe bedeutet hier rhythmisch noch kein Ende, sondern strebt wieder nach der Weite, zum Ausklang, zum Gleichgewicht. Er «wächst» zur Weite, was einer Steigerung der Höhe über sich selbst hinaus gleichkommt[11].

«Sprung nach der Breite,
Schwingen
Zur Höhe,
Wachsen
Zur Weite.»

10 Hier kann die Übung von neuem begonnen werden, findet aber auch von hier aus ihren Abschluß durch das, was im folgenden als das «Wachsen zur Weite» beschrieben wird. Dieser von Bothmer immer so praktizierte Abschluß der Übung wurde, wie beschrieben, auch als Einzelübung ausgeführt. Das «über die Höhe hinaus wachsen zur Weite» ist wie ein stilles Nachklingen des federnden Schwingens in der Höhe und der anschließenden Bewegung durch den Umkreis. Der Konzentration zum «Sprung in den Mittelpunkt» entspricht im Abschlußteil das Erreichen der Weite, das zum erstenmal im Gesamtweg dieser Gymnastik die Mitte als Kreuzungspunkt zweier Richtkräfte mit sich bringt.

11 Bei der Breite schauen die Handflächen nach unten, bei der Weite nach oben.

In dieser Weitenspannung faßt der Schüler festen Fuß auf der Erde – «Punkt» –, und dann löst er sich erst aus der Spannung zur Grundstellung.

«Ich stehe.»

 [12]

Der Rhythmus

Aus der schwingenden Höhe kann der Schüler auch der ihn wieder zur Erde niederziehenden Gegenkraft folgen. Er läßt die Höhe sich nicht nach oben in den Kreis ergießen, sondern schwingt mit langen Armen vorwärts – abwärts durch die Tiefe, um mit Hilfe dieses Schwunges von der Tiefe aus sich zum Gleichgewicht in der Weite aufzurichten. Hier findet sich der starke Schwung abgedrängt nach vorne und gerät in eine Kreuzung der Radien, des Rechts und des Links, in der Waagrechten. Der größten Weite steht plötzlich die größte Verschränkung gegenüber. Diese Kreuzung ist nun der Mittelpunkt, von dem sich die Bewegung nach der Höhe in einen die ganze Gestalt umspannenden Kreis abschwingt. Von seinem Tiefpunkt kehrt sie wieder zum Ursprung, zur Höhe, zurück[13].

12 Das federnde Springen des Anfangs ist hier in 8/8 gefaßt. Je weniger Sprünge ausgeführt werden, desto gedrungener wird ihr Crescendo. Unterbleiben sie ganz, dann springt man gleich in den Kreis der Armbewegung hinein. Die Schlußnote ist das abschließende «Wachsen zur Weite».

13 Die Handflächen sind während der ganzen Übung nach vorne oder unten gewandt. Die Hände gehören noch ganz zu den Armen, was durch die Schwungbewegung bedingt ist. Das Selbständigwerden der Hände wird in der folgenden Übung praktiziert.

«Höhe zur Tiefe
zur Weite –
Mitte
strahle zum Kreis,
Tiefe zur Höhe.»

Das Ganze gibt einen in großen Kurven freiströmenden Rhythmus, in dem Puls und Atem mitschwingen. Nur im Kreuzungspunkt staut er sich etwas; hier berührt der Schüler für einen Augenblick mit den Fersen den Widerstand der Erde, um aus diesem Fußfassen und dem Kreuzungsmittelpunkt Kraft für den folgenden Schwung in den Umkreis zu holen.

Das Öffnen des Mittelpunktes in den Kreis wird noch fühlbarer, das rhythmische Erlebnis noch erhöht, das Bewegungsbild bereichert, wenn der Schüler jeweils aus der Kreuzung durch eine Drehung im Scheitelpunkt der Bewegung sich nach rückwärts bzw. vorwärts in den großen Kreis wendet.

Die Bewegungsfreiheit wird erhöht, wenn im Hinunterschwingen von der Höhe zur Tiefe die Füße voreinander gestellt werden. Dies entspricht auch dem im Vergleich zur vorigen mehr dreidimensionalen Charakter der Übung.

«Der Rhythmus», wie diese Übung wegen ihres urbildhaft rhythmischen Wesens schlechthin genannt sein möge, ist auch dann, wenn er von den Armen im Wechsel oder mit zunehmender Schnelligkeit oder bis zur äußersten Verkleinerung geübt wird, gymnastisch besonders schulend.

Im «Sprung in den Mittelpunkt» tritt der willenshafte Charakter der Bewegung stark in Erscheinung. Er ist Ausdruck der von unten, vom Stoffwechsel her, zündenden Kräfte;

«Der Rhythmus» der letztgenannten Übung ist Ausdruck der nach und von der Mitte strömenden Kräfte;

«Das Dreieck» ist der Ausdruck der von der Spitze, vom Kopfe her gestaltenden Kräfte des Organismus.

Diese Dreiheit entspricht der von Denken, Fühlen und Wollen im Menschen und macht seine Dreigliederung in Kopf- (Nerven-Sinnes-), Brust- (rhythmische) und Gliedmaßen- (Stoffwechsel-) Organisation anschaulich. Diese drei Organisationen durchdringen sich im Menschen, wie das Denken, Fühlen und Wollen sich gegenseitig durchdringen; jede hat aber ihren besonderen Mittelpunkt, nach dem sie den Namen trägt. Im gleichen Sinn kann man von den drei Organisationen auch als vom oberen, mittleren und unteren Menschen sprechen.

Im Kinde entwickelt sich diese Dreiheit nicht gleichmäßig.

In seinem ersten Jahrsiebent sind es vor allem die vom Kopf ausstrahlenden Kräfte, die seinen ganzen Organismus formen; im 2. Jahrsiebent vor allem die in Atmung und Blutkreislauf nach und von der Mitte strömenden Kräfte, die in ihrem Rhythmus belebend, ausgleichend und dadurch heilend wirken; im 3. Jahrsiebent vor allem die vom Stoffwechsel gespeisten Kräfte des Gliedmaßenorganismus, in denen der Mensch körperlich erstarkt, die ihn aber auch überwältigen können.[14]

Jede gymnastische Übung hat in verschiedener Betonung diese drei Seiten in sich, von denen jede gewissermaßen eine vollkommene Übung für sich darstellt, ohne von den anderen getrennt werden zu können. Erst von ihrer Drei-Einheit fühlt sich der Schüler, bewußt oder unbewußt, in seinem ganzen Wesen, d. h. in seinem Denken, Fühlen und Wollen, angesprochen oder nicht. Als Ganzes und in ihren Teilen und Gliedern muß jede Übung vor dem Idealbild des Menschen, wie es der unverbildete Mensch in sich trägt, nach Form, Rhythmus und Maß der einzusetzenden Körperkraft bestehen können.

Dies konnte an den bisherigen Übungen anschaulich werden. Es gilt in gleichem Maße für die folgenden.

14 Diesen menschenkundlichen Angaben liegen die Forschungsergebnisse Dr. Rudolf Steiners, die in seinen Schriften und Vorträgen veröffentlicht sind, zugrunde.

Die Zeit der Geschlechtsreife

Der Fall in den Raum

Nach dem Sprung in den Mittelpunkt des großen Kreises, in den sich die schwingende Höhe ergossen hat, steht der Schüler ausgebreitet im Raum, gerichtet nach dem fünffachen Strahl, dessen Mittelpunkt die Brust und dessen oberster Strahl, der Kopf, als einspiralte Kraft der Höhe zu denken ist. Ein pendelartiger Schwung führt die Breite wieder zur Aufrechten, zur Höhe, zurück.

Staut der Schüler die Kraft dieses Schwunges auf dem Weg zur Höhe durch Ballen der Hände zur Faust und reckt er sich durch diese gestaute Kraft des Körpers nach oben, so löst er sich immer mehr von der festen Grundlage, dem Standpunkt, und verliert das Gleichgewicht zwischen Höhe und Tiefe. Das Übergewicht wirkt; er fällt nach vorne. Die Ohnmacht des Falles würde zu einem schnellen Ende der Bewegung führen, so wie der abgesägte Baum schließlich der Länge nach am Boden liegt.

Dieser *Fall aus der übersteigerten Höhe* wird aufgefangen durch einen großen Schritt vorwärts (Aus-«Fall»). Die hocherhobenen Arme, die vermöge der in den Fäusten gestauten Kraft den Körper bis zum Äußersten emporrecken konnten, lassen die Höhe los, lösen sich mit dem ganzen Körper aus der Spannung, kreuzen und entkreuzen[15] sich im Fall und breiten sich durch die Tiefe zur Weite aus[16]. Sie tragen den Körper durch den Fall und richten ihn nach dem Ausfallschritt in die schiefe Ebene auf, in der sie ihm sein Gleichgewicht wiedergeben.

Gleichzeitg beleben sie in ihm wieder die rhythmische Kraft.

Der Übende hat aus der eindimensionalen Gebundenheit der gestauten Höhe

15 «Kreuzen» mit offenen Händen vor der Brust während des Fallens, «entkreuzen» bei der Fußspitze im Übergang zwischen Fallen und Aufrichten.

16 Handflächen unten.

Der Fall in den Punkt (S. 54)
Beginn oben Mitte, Uhrzeigersinn

Der Fall in den Raum (S. 46)
Anfang der Übung

im Fall den dreidimensionalen Raum gewonnen und sich dabei stark der Schwere verhaftet. Wie mit den Armen die Weite, so sucht er nach dem Fall mit dem Blick ein Ziel zu gewinnen, um sich daran Halt zu geben und sich im Raume neu zu richten.

Dank der freien Schwungkraft der Arme kann er die verlorene Höhe, die Aufrechte, wiedergewinnen.

Würde es nur eines einfachen Wiederaufstehens bedürfen, so nähme sich dies gymnastisch wie das Aufstellen eines abgesägten Baumes aus. Es ist damit nichts geschehen. Ein neues, verwandeltes Kräfteverhältnis zwischen dem zur Höhe strebenden Menschen und der ihn nach unten ziehenden Erde wird angestrebt.

So wie er im Fall die 3. Dimension gewonnen hat auf Kosten der ersten, der Höhe, die er im Loslassen geteilt hat, so muß er nun versuchen, im Wiedergewinnen der Höhe den dreidimensionalen Raum wieder als Einheit herzustellen, zu einem raumerfüllten Stehen zu kommen. Erst dann ist der Fall gymnastisch überwunden.

Aus der schiefen Ebene schwingt sich der Übende durch die Kraft der freien Arme auf der Basis des großen Schrittes hoch empor[17], um hoch über ihr, wie in einem Angelpunkt eine schnelle Umkehrung um 180° zu vollziehen, die große Spannung zu lösen und, den ganzen Umkreis nach Weite, Tiefe und vorwärts durchmessend, sich wieder aufzufangen und zur Höhe zu erheben[18].

Das der Fallrichtung entgegengesetzte Bein übernimmt das ganze Gewicht des Körpers, wird Standbein, das andere wird Spielbein.

Der Übende gewinnt dabei ein nicht mehr den Raumrichtungen unterworfenes, sondern von der menschlichen Gestalt bestimmtes, freies Gleichgewicht.

«Ich stehe aufgerichtet, fest auf dem Boden, das Spielbein frei zum Schritt.» Diese dargestellte Übung des Falles und seiner Überwindung läßt sich am besten aus dem ausgebreiteten Stehen, wie es geschildert wurde, beginnen. Der Lehrer kann die Übung folgendermaßen mitsprechen:

17 Das Hochschwingen der Arme auf der Basis des großen Schrittes ist so zu verstehen, daß der Übende dabei den Boden verläßt, das heißt, das Schwingen der Arme durch einen Sprung unterstützt. Die schnelle Umkehrung im Angelpunkt wird also in der Luft vollzogen. Bei der Beschreibung des entsprechenden Sprunges Seite 81 wird dies ersichtlich.

18 An dieser Stelle werden die Hände nach oben umgewendet, sie fangen den Fall nach der Umkehr auf. Durch ihr Erheben wird die ganze Gestalt wieder aufgerichtet. Das Zur-Ruhe-kommen im Stehen wird also mit leicht gebeugten Armen und Händen, Handflächen nach rückwärts schauend erreicht, entsprechend dem hier erstmals erscheinenden Spielbein.

Der Fall in den Raum (S. 46)
Weiterführung durch Schwung (S. 50) links oben

Weiterführung durch Sprung (S. 51) links unten
Zentraler Sprung rechts

«Breit stellen, Arme ausbreiten.	Stauen	Und
Schwingen	Steigern zum	wenden
Zur Höhe	Fall –	Zur Höhe[19].»

19 Die Übung von Seite 42 taucht hier als Einleitung wieder auf. Dort «über die Höhe hinaus wachsen zur Weite», hier «die Höhe steigern zum Fall». Vielfach ließ Bothmer dieselbe Übung ohne das Ballen der Hände zur Faust mit einfachem Höhenstreben ausführen. Es könnte dann auch so lauten:

Sprung nach der Breite - Schwingen zur Höhe - Steigern zum Fall - Aufrichten in der Tiefe - Spung in die Höhe - Wenden - Fallen - Aufrichten zur Höhe.

Die Umkehrung im Angelpunkt scheidet das Bewegungsbild Zug um Zug in bedeutungsvolle Gegensätze:

Auf der einen Seite große körperliche Spannung und im Fall darauf antwortend ein Nachgeben bis fast zur Ohnmacht; dabei Teilung der Geschlossenheit der Höhe in die Zweiheit von Rechts und Links; aus ihr entsteht die Weite.

Auf der anderen Seite rhythmisches Gleichmaß ohne den Gegensatz großer Spannungen und Lösungen, innere Führung der Bewegung vom raumgestaltenden Bewußtsein aus nach dem Maße des Menschen, Erhebung zu seiner Gestalt statt körperlicher Streckung; Zusammenfassung der Teile wieder zum Ganzen.

Dort ein Hergeben, hier ein Empfangen von Kraft.

1. *Weiterführung durch Schwung*

Der Fall durch die Übersteigerung der Höhe und seine Überwindung stellt sich hier in elementarer Form dar. Seine Weiterentwicklung führt zu neuen, bemerkenswerten Spielarten der gleichen Bewegung:

Das Standbein hat die Aufgabe des Tragens und die Kraft des Widerstandes, das Spielbein die freie Möglichkeit des Schrittes vorwärts oder rückwärts.

Die Weiterbewegung schließt sich nun an das Heranholen des Spielbeines von rückwärts her im Aufrichten nach dem Fall an und verbindet sich mit der vorwärts-aufwärts führenden Bewegung der Arme.

Folgt der Übende dieser vorwärts führenden Kraft, so kann sie ihn nach vorne entführen oder er mag durch sie den Fall in einen leicht- und breitschwingenden Rhythmus zu verwandeln, in dem das Spiel zwischen Schwere und eigener Kraft jeweils durch die Umdrehung im Angelpunkt in eine Art Pendelschlag vor- und rückwärts von ausgeglichener, dem Atem verwandter Rhythmik übergeleitet wird.

Im letzten Aufrichten aus dem Fall federt sich der Übende vom Standbein zu einem Schritt vorwärts ab, setzt noch einmal zu nächsten Schritt an[20] und schwingt dann das Spielbein weit nach rückwärts[21], um den Körper, ähnlich

20 Während dieser 1½ Schritte werden die Hände allmählich nach vorne umgewendet. Beim Aufsetzen der Fußspitze vorne sind die Fingerspitzen bei gestreckten Händen und Armen oben angekommen.

21 Das Standbein begleitet dies durch einen leicht federnden Sprung.

dem Fall, mit sich überkreuzenden und dann weitausladenden Armen nach vorne geneigt in die schiefe Ebene einschwingen zu lassen. Durch die Umdrehung im Angelpunkt wird von hier aus die Höhe wieder gewonnen. Eine Wiederholung ohne Ende.

Das jeweils dem Fall folgende befeuernde Schwingen der ausgebreiteten Arme zum Angelpunkt kann vor der Umdrehung im Wechsel zu einem Hochschwingen bis zur gegenseitigen Berührung der Handrücken und einem Tiefschwingen bis zur Berührung des Bodens gesteigert werden[22].

«.......
Steigern zum
Fall –
Hoch, tief,
Hoch, tief,
und
Wenden
zur Höhe.»

2. *Weiterführung durch Sprung*

Statt nach der Umdrehung im Angelpunkt im Erheben dem Zuge vorwärts zu folgen und dadurch im freien Kräftespiel zu bleiben, kann sich die Bewegung im Höhepunkt wieder verfestigen. Dieser Zug zur Stauung, zur Verfestigung im Widerstand, kann gymnastisch aufgegriffen werden und erscheint dann als die Polarität zum dargestellten freien Kräftespiel.

Zur Betonung des Widerstandes tritt nach dem Aufrichten das Spielbein kräftig zurück, die Arme werden gleichzeitig vorwärts-abwärts-rückwärts gedrückt und verstärken durch Ballen der Hände zur Faust die Stauung, die den ganzen Körper ergreift. Die Bewegung wird wieder entfesselt in einem steilen Sprung vorwärts, begleitet und befeuert von den kraftvoll kreisenden Armen[23].

22 Das Hochschwingen ist auch hier in völligem Zusammenhang mit einem Hochspringen zu verstehen. Während des Tiefschwingens gleitet der rückwärtige Fuß weit zurück.
23 Auf Seite 82 wird dieser Sprung beschrieben. Es ist ein Doppelsprung, die Arme beschreiben beinahe zwei Kreise. Durch zweimaliges Hochreißen der Arme wird die Sprungkraft unterstützt. Die Fäuste werden während des folgenden Ausbreitens der Arme wieder geöffnet.

Aber dieser Sprung, der im Augenblick eine Befreiung bedeutet, endet erst recht wieder in einer Überstreckung nach der Höhe, wie sie das allererste Motiv des Falles war, und mündet damit auch wieder in den Fall, der aber auch wieder in der schiefen Ebene aufgefangen werden kann. Die Umdrehung im Angelpunkt und das darauffolgende Sich-Erheben führt zur Lösung. Die Möglichkeit einer Wiederholung ohne Ende.

Durch diese Wandlungen der Grundübung hindurch erhält sich der Charakter des im Raume sich Ausbreitens, und zwar in der Betonung starker Polaritäten. Fall und Erhebung aus ihm stehen sich nicht nur durch die zwischen beiden liegenden Wendung, nicht nur als räumliche Erscheinung von Teilung und Zusammenfassung, als Bild der Schwere und ihrer Gegenkraft, als sinnfälliger Ausdruck der im Gliedmaßenorganismus befangenen Willensnatur und der im rhythmischen Organismus wirkenden ausgleichenden, heilenden Kraft gegenüber. Beide sind im Angelpunkt des raumformenden Bewußtseins verbunden, aus dem sich als letztes Ergebnis und als Überwindung des Falles immer wieder das neue «Ich stehe» vollzieht.

Die beiden Polaritäten von zeitweise tobender Willensnatur und ausgleichendem Rhythmus gewinnen schließlich je ihre selbständige Bedeutung in den beiden dargestellten Spielarten des Falles und werden Ausdruck der Polarität des Männlichen und Weiblichen. Beide Spielarten der Übung haben trotz ihrer dynamischen Gegensätzlichkeit das gleiche Zeitmaß in sich, lassen sich also in zeitlicher Übereinstimmung üben und bereichern damit die Arbeit, besonders in gemischten Klassen, außerordentlich.

Der diesen beiden Spielarten des Falles zugrunde liegende Rhythmus ist der folgende:

1. Spielart:

2. Spielart:

Sollen beide Spielarten zugleich zur Ausführung kommen, so können sie auf zweierlei Weise aufeinander abgestimmt werden:

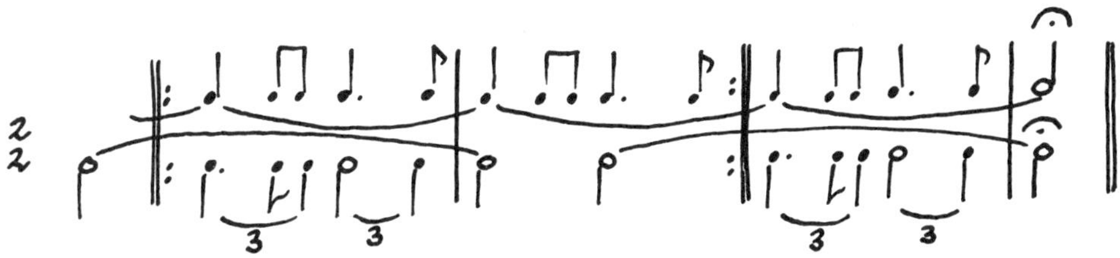

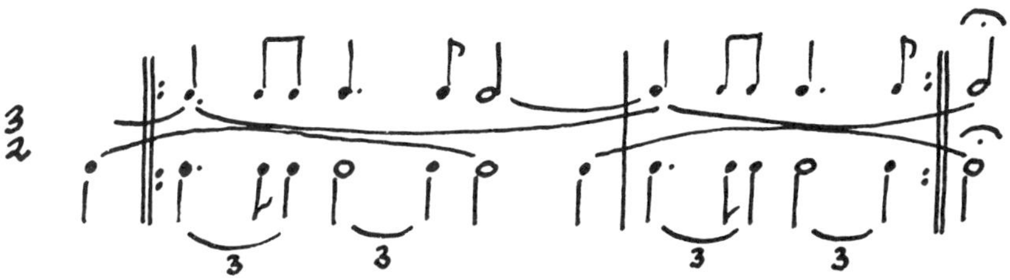

Werden die beiden Spielarten gemeinsam geübt, so ist es gut, sie beide schließlich in den Rhythmus und die gleiche Form der 1. Spielart zusammenzuführen und verlangsamt darin ausklingen zu lassen. Der Übergang hierzu ist auch für die zweite Spielart ohne weiteres möglich[24].

Es ist neben den vorhergehenden die gymnastische Übung für die Zeit der Geschlechtsreife. Ihr Erlernen durchzieht aber die ganzen Jahre der noch folgenden Schulzeit.

24 Die Verschiedenartigkeit beider Rhythmen zeigt sich auch räumlich. Wie zeitlich auf eine einzelne Ausführung der zweiten Spielart zwei der ersten kommen, so ist auch die zweite Spielart räumlich weit ausladend (der Doppelschritt des Sprunges + Ausfallschritt) gegenüber der ersten Spielart, die im Hin und Her jeweils nur einen kleinen Schritt Spielraum hat.

Die Zeit nach der Geschlechtsreife

Der Fall in den Punkt

Der Fall in die schiefe Ebene und seine Überwindung sind der folgerichtige Ausklang des für die Unterstufe geltenden Weges gymnastischer Erziehung, gleichzeitig auch der entscheidende Schritt über die Schwelle der dritten Dimension: *der Fall in den Raum.* In seinem Ausgangspunkt, der Höhe, berührt sich mit ihm der lotrechte Fall, *der sich als Fall in den Punkt* darstellen wird, die Folge des Loslassens der Höhe durch die einseitig wirkende reine Schwerkraft. Er ist die vollkommenste körperliche Entspannung.

Die Wirkungsweise des lotrechten Falles wird fühlbar, wenn ich die Kraft des hocherhobenen Armes plötzlich auslösche. Er fällt steil herunter. Lösche ich in meinem Körper die Aufrichtekraft aus, so geben alle Gelenke in einem Augenblick nach, und der Körper fällt lotrecht in sich zusammen. Dieser lotrechte Fall, der an sich ein Ende bedeuten würde, kann aufgefangen werden. Durch kurzes Vorsetzen eines Fußes begegnet der Übende der allzustarken Stauchung des Körpers und bewahrt ihn – und durch Beugen der Arme – vor dem Aufschlagen auf die Erde. Das Vorsetzen des Fußes und Beugen der Arme ist die letzte Kraft gegenüber der Ohnmacht des Falles. Mündete der Fall von der übersteigerten Höhe in das weitausladende Kreuz der schiefen Ebene, so bedingt der lotrechte Fall stärkste Beugung aller Gelenke. Der Körper nähert sich der Kugelform, dem Punkt. In ihm ist der Raum verloren.

Aus diesem toten Punkt vermag der kraft- und atemlose Körper nicht ohne weiteres aufgerichtet zu werden. Raum und Rhythmus zu gewinnen, greift der Übende mit den im Fall gebeugten Armen und in einem gleichzeitigen, vortastenden Schritt nach dem Raum. Der Weg, den die Arme dabei beschreiben, ist ein Kreis[25], der zunächst fast bis zur Erde und dann vorwärts-aufwärts führt,

25 Der Weg der Hände verläuft parallel.

Der Fall in den Punkt.

um sich dicht vor den Schultern wieder zu schließen. Diese Bewegung ist reiner Rhythmus, das räumliche Bild eines tiefen Atemholens.

In dieser Ausdehnung der Kugel und dem darauffolgenden starken Zusammenziehen wird die Kraft zum Aufrichten wieder gefunden, das nun aus dem Mittelpunkt in kräftiger Bewegung mit abermaligem Schritt vorwärts erfolgt[26]. Die Arme begleiten dies steile Aufstreben zur Höhe.

Damit ist aber weder der Raum, noch ein neues Gleichgewicht gewonnen. Die überbetonte Höhe entbehrt des festen Standpunktes.

Dieser wird im trittfesten Hinstellen auf den rückwärtigen Fuß gefunden, in der Kraft des Wider-Standes, und im Hereindrücken der Arme von der Höhe nach vorne in die Waagrechte. Sie beugen sich dabei in den Handgelenken so, daß die Hände vorwärtsschauend noch die Höhe, und die gestreckten Arme die Widerstandskraft betonen.

Die dadurch entstehende Spannung rückwärts-vorwärts findet ihren Ausgleich im Schritt vorwärts, der den Widerstand teilt und den Weg nach vorne freigibt.

Darauf folgt die Lösung der Arme aus der Waage zur Ruhe.

Dies ist erst der angestrebte neue Gleichgewichtszustand. Er ist dem Fall nicht mehr unterworfen und hat in sich die Freiheit zum Schritt, vorwärts oder rückwärts.

Die Dreidimensionalität des Raumes ist auf diesem Wege aus der Kraft und Gestalt des Menschen in den Raum geprägt: Im Aufrichten ist die Höhe, im Teilen des Widerstandes die Breite gewonnen, und *Blick und Bewegung auf das Ziel sind frei geworden.*

«*Ich stehe,* aufgerichtet in die 3 Dimensionen, frei zum Schritt nach dem Ziel.» Der Fall ist überwunden.

Weiterführung

Die Bereitschaft zum Schritt macht eine neue Zusammenziehung, nicht nach unten, wie beim ersten Loslassen der Höhe im Fall, sondern nach der Mitte,

26 Diese «kräftige Bewegung» ist ein Sprung, der so steil ausgeführt wird, daß der beschriebene Schritt einem Schrittwechsel gleichkommt.

Der Fall in den Punkt. Weiterführung.

gestützt auf das Standbein, möglich. Kopf und Spielbein begegnen sich dabei von oben und unten. Die wie nach dem Fall weit nach vorne in den Raum ausgreifenden kreisenden Arme und Hände ballen sich vor der Brust, auch das Standbein verstärkt den Zug nach der Mitte, indem es den Körper aufwärts stemmt. Aus dieser starken Ballung schnellt der Übende sprungartig vortretend wieder zur Höhe empor, das Spielbein nach unten abstoßend.

Diese nun aus der Mitte entsprungene Höhe muß sich nicht gleich wieder im Widerstand und Tritt rückwärts verfestigen, wie sie es nach dem Fall tat. Sie sucht vielmehr zuerst nach der ihr, der Höhe, entsprechenden, möglichst freitragenden Weite und schwingt sich dazu von ihrer höchsten Spitze, vom Standbein getragen, in das waagrecht liegende Kreuz, den Blick nach vorne gerichtet, die Arme überkreuzend und ausbreitend, das Spielbein frei nach hinten geschwungen. Eine schwere Gleichgewichtsprobe, die dann im einfachen Aufrichten auf dem Standbein vorübergehend zur Ruhe kommt. Erst durch erneutes Kreisen und Ballen der Arme und ihr Abstoßen nach vorne mit gleichzeitigem Zurücktreten des Spielbeines festigt sich der Widerstand und wird im Schritt vorwärts zur Waage geteilt und dann aufgelöst.

Aus der ursprünglichen Dreiheit von Sprung, Tritt und Schritt (Höhe, rückwärts und vorwärts) hat sich die Vierheit Sprung, Schwung, Tritt und Schritt (Höhe, Weite, rückwärts, vorwärts) herausgebildet.

Diese Vierheit stellt auch die Beziehung zur Dynamik der vier im menschlichen Leibe wirkenden Elemente her:

Dem nach der Höhe flammenden Element des Feuers,
dem nach der Weite schwingenden Element der Luft,
dem widerstrebenden, festen Element der Erde,
dem gleitend sich ausbreitenden Element des Wassers.

Das Schreiten

Das Schreiten als die gymnastische Synthese umschließt diese vier Elemente der Bewegung. In das Schreiten mündet schließlich die dramatische Entwicklung des lotrechten Falles so, daß abermals die Arme aus der ruhenden Haltung in weitausholender vorwärts kreisender Bewegung zur Mitte geballt und kräftig

Das Schreiten

seitwärts in die Waage gestoßen werden, während das Spielbein im Schritt vorwärts oder rückwärts Boden faßt und das Standbein gelöst wird.

Der Übende schreitet weiter, vorwärts oder rückwärts, durch den Widerstand wie durch eine Gasse, welche von den seitwärts in die Waage stoßenden Armen mit den aufwärtsgewinkelten Händen gebaut wird, in fließendem Schritt, zu dem die Arme in Ballung, Stoß, Nachdruck und Lösung den Takt geben.

Der Blick ist unentwegt vorwärts auf das Ziel gerichtet.

Der Fall aus der übersteigerten Höhe in die schiefe Ebene wurde gymnastisch durch das raumerfüllte Sich-Erheben nach der Umkehrung überwunden. Hier lagen die reicheren Möglichkeiten im Fall selbst und seinen verschiedenen Abwandlungen.

Der lotrechte Fall in den Punkt ist einförmig. Um so reicher ist das Kräftespiel in seiner Überwindung. Seinem Charakter nach betont er mehr das Sich-Erfühlen in der Körperkraft. Das Rhythmische tritt anfangs weniger in die Erscheinung gegenüber den ausgesprochenen Richtkräften. Diese Richtkräfte schließlich ganz mit Rhythmus zu erfüllen, die Dynamik von Schnellen, Schwingen, Stoßen, Gleiten, von Sprung, Schwung, Tritt, Schritt, von Ballen und Lösen immer stärker herauszuarbeiten und dabei die Einheit der Bewegung, ihren Faden, nie zu verlieren oder abreißen zu lassen, ist erstrebenswertes Ziel.

In keiner Weise soll etwa die körperkräftige Bewegung dem Mann, die rhythmische der Frau zuerkannt werden. Für den Mann ist der Rhythmus nicht minder wichtig, um ihn vor der Verhärtung und Mechanisierung zu bewahren, wie für die Frau das Üben der Körperkraft. Der Mann wird nur in manchen Übungen seine körperlichen Kräfte, in anderen wieder mehr die Frau ihre rhythmischen Kräfte angesprochen fühlen.

Jede der Übungen ist für beide Geschlechter voll gültig und entwicklungsgemäß notwendig.

Zwischen den beiden Fällen liegt die Schwelle der Geschlechtsreife, entwicklungsmäßig und gymnastisch der tiefste Einschnitt, das Ende der Volksschulzeit und der Beginn reichster Auswirkung auf dem Felde der Gymnastik!

Rhythmus der beiden Kreuzungen

Das aus dem lotrechten Fall und seiner Überwindung geborene Schreiten war durch die nachdrückliche Seitwärtsbewegung der Arme stark körperlich betont.

Das Schreiten in völliger Übereinstimmung der oberen und unteren Bewegung zu einem weitschwingenden Rhythmus zu steigern, dient ein Wechselspiel zweier Kreise, das sich unmittelbar aus einer Kreuzung der Arme auf dem Rücken beginnen läßt oder auch die Kreuzung schon aus der «das Dreieck mit der eingestülpten Spitze» genannten Übung folgerichtig ableitet[27].

Dort wurden die gekreuzten Arme aus dem letzten Widerstand im Genick kreisend geöffnet. Diesen Kreis setzt der Übende fort bis zu einer neuen Kreuzung der Arme auf dem Rücken, den die Handrücken flach berühren. Gleichzeitig löst er den einen Fuß vom Boden und setzt zu einem Schritt vorwärts an.

Nun entkreuzen sich die Arme nach unten zu einem weitgespannten Kreis, der seinen einen Pol in einer tiefen Beugung des Übenden bis an die Ferse des Standbeines hinunterspannt und sich dann im Aufrichten zur Höhe schwingt,

27 Aus der Grundstellung wird die Übung durch Erheben der Arme nach beiden Seiten, was zur oberen Überkreuzung führt, begonnen.

um von dort aus in einer neuen Kreuzung hinter den Schulterblättern sich wieder zu einem neuen Mittelpunkt zusammenzuziehen.

Der Schritt wird gleichzeitig weitergeführt, bis das Spielbein zum Standbein wird.

Nun entkreuzen sich die Arme nach oben und kehren durch einen kleineren Kreis zu dem unteren Kreuzungspunkt zurück.

Währenddessen setzt das Spielbein zum nächsten Schritt an[28].

Es entwickelt sich in der beschriebenen Art ein einfacher, ruhiger Rhythmus zweier Kreise, eines großen von unten nach oben und eines kleinen von oben nach unten. Dies Wechselspiel wird schreitend vorwärts getragen. Schließlich kommt der Rhythmus im aufrechten Stehen zur Ruhe.

Nach dem alle Kraft beanspruchenden Dreieck mit der eingestülpten Spitze wirkt dieser ruhige kreisende Rhythmus harmonisierend.

Der Sturz

Im Gegensatz zum Fall ist der Sturz eine durchaus aktive Bewegung, die Beschleunigung des Falles durch die eigene Kraft.

Er entwickelt sich aus dem Ansetzen zum Schritt und der übersteigerten Höhe. Durch Ballen der Fäuste wird die Höhe gestaut, emporgereckt bis zur äußersten Möglichkeit und nun in steilem, vom Standbein getragenen Schwung vorwärts-abwärts gestürzt, bis der Kopf zutiefst und die Fäuste wieder zuoberst sind. Das Spielbein gibt dem Sturz, von vorne sich abfedernd, durch weites Zurücksetzen Raum, wie eine Strebe den Sturz auffangend.

Die Fäuste haben im Sturz eine Spirale beschrieben, in die der Kopf und der Rumpf einbezogen sind. Dadurch ist eine gewaltige Stauung entstanden. Ihre Auflösung erfolgt im Wiederaufbäumen nach der Höhe, das eingeleitet wird durch ein ruhiges Ballen aus dem Sturz aufwärts zur Mitte. In starkem Niedertreten des Spielbeines schnellt nun die Spirale wieder auf, gibt dabei die Stauung

28 Die Schritte können sinnvoll auch so ausgeführt werden, daß den zur Kreuzung kommenden Armen das Vorsetzen des Spielbeines, den sich entkreuzenden Armen die Gewichtsverlagerung des Schrittes entspricht. Man vergleiche dazu die Übung «doppelte Acht», vereinfachte Art, Seite 62, und das «Schreiten mit kreisenden Armen», Seite 65.

auch in den Händen frei und klingt nun aus in einem Kreisen der Arme. Dabei vollendet sich der vor dem Sturz begonnene Schritt vorwärts.

Diese Auflösung des Sturzes kann wieder hineinwachsen in eine neue Stauung und Übersteigerung der Höhe, die durch Sturz und Wiederaufbäumen den vorigen Weg wiederholt.

Von dem lotrechten Fall an ist jede Übung ein dramatisch abgestufter Schritt, ihre Wiederholung eine in Rhythmen zurückgelegte Wegstrecke. Hierin spricht sich das bewußt ergriffene Wesen der 3. Dimension aus.

Der Wirbel

Eine andersgeartete Spannung tritt ein, wenn die Höhe nach unten gestaut wird. Das Standbein beugt sich unter dem Druck von oben, das Spielbein, das zum Schritt angesetzt hat, gibt nach vorne gleitend Raum.

Wird der Druck so stark, daß das Gleichgewicht verlorenzugehen droht, dann wird er in einem kräftigen Durchziehen der gestreckten Arme von der Höhe durch die Tiefe aufgelöst, wobei im Gegeneinander des Druckes von oben und der Stauung von unten ein Wirbel der Arme um die Waagrechte entsteht, der das Gleichgewicht wieder herstellt, indem er den Körper wieder aufrichtet und in der Weite zur Ruhe kommt.

Erst jetzt, im Weiterführen der Arme von der Weite zur Höhe, dem letzten Aufrichten, vollzieht sich der zu Beginn eingeleitete Schritt. Dann wird zum neuen Schritt angesetzt.

Die doppelte Acht

Werden die Arme in der Höhe nicht nebeneinander, sondern hintereinander gestellt, so daß die gegeneinander gerichteten Handflächen in einer Ebene liegen, und wird nun diese Höhe nach der Tiefe zusammengepreßt, so wird das Gleichgewicht nicht in einem beiderseitigen Einwirbeln der Arme in die Waagrechte gefunden. Diese durchlaufen vielmehr hintereinander wie «auf Messersschneide» in der Symmetrieebene ihren Weg bis zur Tiefe, gleiten einseitig am

Körper vorbei und richten ihn in einer Drehung nach der rückwärts weisenden Waagrechten ruhig auf. Gleichzeitig verlassen die Hände die ihnen gemeinsame Ebene, treten nun nebeneinander und für den Augenblick des Durchganges durch die rückwärts weisende Waagrechte in ein merkwürdiges Spiel von Geraden und Winkeln. Bis hierher hat das eine Bein die Bewegung getragen, das Spielbein hatte zuerst dem Druck nach vorne gleitend nachgegeben; im Aufrichten zur Waagrechten kommt es wieder zurück.

Während die Arme die Bewegung weiterführen zur Höhe, treten sie wieder in eine gemeinsame Ebene hintereinander, durchlaufen so den Scheitelpunkt und wiederholen ihren Weg auf der anderen Seite des Übenden. Die Hände tauschen dabei die führende Rolle.

Jeweils beim Durchgang durch die rückwärts weisende Waagrechte gibt das Standbein seine Aufgabe an das Spielbein ab. Der Blick kann der Bewegung der Arme und dem Spiel der Hände folgen oder vorwärts gerichtet bleiben.

Es ist der Rhythmus zweier ineinandergeschlungener Achter mit je einer kleineren und einer größeren Schlinge, die sich vom Scheitelpunkt über die Gestalt des Übenden nach beiden Seiten niederbiegen.

Eine Vereinfachung bedeutet es, wenn der Druck nach unten von beiden Beinen gleichmäßig getragen wird. Dann geht schon im Aufrichten aus der Beugung in die rückwärts weisende Waagrechte das Körpergewicht auf den vorderen Fuß über. Das Spielbein folgt.

In dieser Vereinfachung kann die Übung dynamisch sehr verschieden gemacht werden, von der ganz ruhigen, mehr raumbetonenden Form bis zur stark rhythmisch-bewegten, die mit einem kleinen Ansprung beginnen und statt des Schrittes sich mit dem abwechselnden Vorsetzen eines Fußes begnügen kann.

In ihrem Charakter, der in der schneidenden Betonung der Symmetrieebene liegt, bleibt die Übung unverändert.

Die Symmetrieebene teilt den Menschen und durch ihn hindurch den Raum in ein Rechts und Links. In ihr liegt auch das Ziel. Als Raumrichtung ist sie die des Schrittes, die Länge, das Vorwärts-Rückwärts.

Im Speerwurf, Bogenschuß, Schwerthieb, Lanzenstoß findet sie den ihr zukommenden naturhaften Ausdruck; in ihnen wirkt die Dynamik der Richtung. Der Speerwurf ist der sinnfälligste Ausdruck strahlender Kraft, der Aufrechten. Als solcher gehört er in symbolhafter Art zum Menschen.

Bogenschießen

Wie der Pfeil vom Bogen, so schießt der Speer aus der Spannung des gebogenen Körpers heraus. Diese Dynamik läßt sich zu einer gymnastischen Übung abwandeln, die nahe Verwandtschaft zum Speerwurf hat. Der Übende wird dabei selbst zuerst Bogen, dann Pfeil. Linke Schulter, ausgestreckten linken Arm und den Blick zum Ziel gerichtet, stellt der Schütze in einer Vierteldrehung rechts den rechten Fuß breit nach der Seite. Dann setzt er, wie beim Auflegen des Pfeiles auf die Sehne, die rechte Hand neben der vorgestreckten linken an. Nun führt er die Pfeilfaust, der der richtungweisende Arm als Widerlager dient, bis zur höchsten Streckung nach rückwärts-abwärts, den Körper damit zum Bogen spannend und beugend. Im sprungartigen Vorschnellen schießt, mit der sich öffnenden Pfeilhand der ganze Körper in der Pfeilrichtung vorwärts-aufwärts, wie vom Bogen geschossen. So wird der Schütze selbst zuerst Bogen, dann Pfeil. Er sucht nun nach dem Vorschnellen das Gleichgewicht in der Bewegungsrichtung auf dem Standbein wiederzugewinnen.

Diese Übung, die im Wechsel rechts und links ausgeführt werden kann, ist Urbild strahlender Kraft.

In den «die große Aufrechte» und «die große Waagrechte» genannten Übungen findet sie eine ihr Wesen klar in die Erscheinung bringende Verwandlung.

Diskusschwingen

Inbegriff kreisender, rhythmischer Kraft ist der Diskuswurf. Dem geraden Speer steht die runde Scheibe gegenüber. Der Speer fliegt spitz. Der Diskus dreht sich. Er erhält seine Kraft aus dem weiten Schwingen, das seinem Wesen nach wohl eine rund um den Werfer geschwungene, flache 8 ist und sich im Drehschritt bis zum Kreis steigert. Der Diskus fliegt dann tangential ab, um den eigenen Mittelpunkt weiterkreisend.

Auch der Diskuswurf läßt sich gymnastisch, also ohne die Scheibe, zu einer selbständigen Übung gestalten:

Dreht der aufrecht fest stehende Mensch den Rumpf in fortgesetzter Steigerung rechts und links im Wechsel, so beginnen die lose herabhängenden Arme eine Art Kegelmantel zu beschreiben, der sich bis zur Scheibe erweitern kann. Es ist wie ein Wegschleudern der ganz lockeren Arme. Die Bewegung wird weiter verstärkt dadurch, daß der Übende einen Fuß vorstellt und weiterkreisend in einen vorwärts und rückwärts wiegenden Rhythmus kommt, der durch das natürliche Absinken der lockeren Arme an den zwei sich berührenden Wendepunkten des Kreises die Form der 8 annimmt. Der Schwung kann schließlich durch Drehschritt zum Kreisel werden, aus dem die abschleudernde Bewegung erfolgt.

Das Schreiten mit kreisenden Armen

Wird die drehend-abschleudernde Bewegung in der gymnastischen Übung verlangsamt zu einem ruhigen Kreisen der Arme in der waagrechten Ebene, so entsteht ein Rhythmus, der zwischen Weite und Verschränkung spielt, d. h. sich in der Geraden zur größten Weite spannt und sich dann in der Lösung vor der Brust und hinter dem Rücken spiralig verschränkt.

Dieser Rhythmus kann von einem gleichmäßig fließenden Schreiten begleitet sein. Der großen Spannung nach der Weite entspricht dabei das Fußfassen, dem Ein- und Ausspielen der Spirale die Vorwärtsbewegung des Spielbeins. Dieser schreitende Rhythmus beginnt und endet in der Weite.

Es liegt auf der Hand, daß Speer- und Diskuswurf, rein gymnastisch geübt, andere Bedeutung haben als der wirkliche Wurf. Der Übende erlebt ohne das Objekt noch bewußter das der Bewegung zugrunde liegende Wesen der strahlenden Geraden im Speerwurf und der kreisenden Ausdehnung nach der Weite im Diskuswurf.

Bewegung nach dem Ziel

Die zielbetonende, vorwärts-rückwärts gerichtete Gerade der ausgebreiteten Arme, in Verbindung mit dem Ausfallschritt, geht vom gleichen Bewegungsmotiv wie der Speerwurf aus und verwandelt es gymnastisch. Diese Verwandlung durchläuft einen vielgestaltigen Weg, bis ihre gymnastischen Möglichkeiten ausgeschöpft sind.

Erfüllt von zielbewußtem Willen fällt der Übende, wie von einem Magneten angezogen, nach dem Ziel aus und fängt sich im zielgerichteten Ausbreiten der Arme auf. Würde nun die Kraft der Richtung weiterwirken, so würde er bald das Gleichgewicht nach vorne verlieren. Wo die Spannung am größten ist, muß die Vorwärtsbewegung einen Augenblick durch die Aufrechte hindurchgehen. Von da aus kann sie in neuem Ausfallschritt mit neuer Kraft sich in das Ziel ergießen.

Dieser Eingriff ist nötig, da die Mensch und Ziel nur triebhaft verbindende Vorwärtsbewegung hart an die Grenze des menschlich Zulässigen geraten und tierischen Charakter annehmen würde.

Dieser Eingriff kann sich bis zur Stauung der Vorwärtsbewegung steigern oder durch vorübergehendes Verlegen des Zieles sich verwandeln und bereichern.

Wie der Strom des Wassers an ein Wehr gerät, sich staut, bricht, zurückschlägt und mit der nachströmenden Kraft vereint gegen das Hindernis sich wirft, es zu durchbrechen oder zu überfluten, so wird auch gymnastisch der einseitig in die Zielrichtung strömende Wille, an der Kippe gestaut, im Zurückfluten sich mit der nachströmenden Kraft vereinen, um sich im neuen Ausfall gegen das Ziel zu wenden um dann wieder in den vorwärtsführenden Strom der Bewegung einzutauchen.

Die in Stauung umgesetzte Kraft der Vorwärtsbewegung verlagert den ganzen Körper nach rückwärts[29], wobei der zielwärts weisende Arm Widerstand suchend ins Genick zurückschlägt. Die freie Kraft des andern, rückwärts weisenden Armes führt dann, durch die Tiefe zur Höhe schwingend, die Bewegung schleudernd in neuem Ausfallschritt wieder vorwärts. Die andere Hand bleibt im Genick und der Blick unentwegt vorwärts gerichtet.

Die Stauung kann durch Ballen der vorwärts weisenden Hand stumpf oder durch einfaches Aufwärtswenden der Hand flach sein; in diesem Falle bricht sie sich zum scharfen Schlag rückwärts in die Kerbe zwischen den Schultern und führt dann zum offenen Wurf vorwärts.

29 Die Verlagerung entsteht durch Zurückspringen vom vorderen auf das hintere Bein.

Nach der vorwärts schleudernden Bewegung[30] tauchen beide Arme wieder in die Waagrechte ein, und das Spiel der Kräfte beginnt von neuem.

Durch die Stauung und ihre Auswirkung steigert der Übende die äußere Kraft der Vorwärtsbewegung. Der Wille wirkt dabei vorwiegend im Körperlichen, in der Körperkraft.

Die Bewegung wird bereichert durch Abwandlungen; dabei wird das ursprüngliche Ziel und die Wegrichtung noch stärker im Bewußtsein erlebt und der Raum geformt und mit Leben erfüllt.

Die große Waagrechte.

Das Ziel wandert: bald nach oben, während der Übende dieser Aufwärtsbewegung mit der zielweisenden Waagrechten folgt und das Gewicht auf der Basis des großen Schrittes weit und tief rückwärts verlagert; bald wieder nach vorne, um in die ursprüngliche Richtung einzutauchen. Der Übende setzt dann seinen Weg fort.

Der Körper wird schwingende Waage.

Sie kann mit dem aufsteigenden Blick oder ihm entgegenschwingen; sie kann auch beides nacheinander: zuerst mit, dann gegen den Weg des Blickes, in einem Rhythmus, der den Charakter eines großen Atmens im Raume annimmt.

Wenn die Waage dem Wege des aufsteigenden Blickes entgegenschwingt, wird das Gewicht nach vorne verlagert, Waagbalken und Blick begegnen sich erst im Zenith. Dann folgt die Waage dem Blick durch die ganze Sphäre hindurch, bis er schließlich rückwärts gewandt nach dem anderen Pol einspielt, also den ganzen Weg von dem einen Horizont zum andern durch den Halbkreis zurückgelegt hat. Der Blick ist nun rückwärts gewandt; die ganze Kraft strebt indessen nach vorne.

Von hier aus bedarf die Fortsetzung des Weges vorwärts des schon erwähnten kurzen Aufrichtens zum neuen Schritt; gleichzeitig springt auch der Blick wieder auf das alte Ziel nach vorne, und der Rhythmus kann von neuem beginnen.

30 Die eine Hand wird im Hochschleudern wieder geöffnet, die andere im Zurückführen zur Waagrechten.

Die große Waagrechte.

Die große Aufrechte

Ein ganz anderes Bewegungsbild erscheint, wenn der Übende sich nicht von dem Ziel anziehen läßt, was zu einem triebhaft ausfallenden, übermäßigen Schritt geführt hat, sondern unter Betonung seiner aufrechten Gestalt, der Höhe, und der zielweisenden Kraft dem Ziel entgegenschreitet.

Im vorigen Bewegungsbild wurde der Körper zur Waage, die bis in die Senkrechte einschwang; jetzt wird er die bis in die Waagrechte einschwingende Höhe.

Der Übende setzt zum Schritt an und bewegt den einen Arm zielwärts und dann zur Höhe; gleichzeitig steigert er die Aufrechte zum Äußersten. Allmählich festen Fuß fassend führt er die Höhe in zunehmender Spannung wieder in die zielweisende Waagrechte. Der andere Arm weist nach unten[31]. Dann wird die körperliche Spannung mit gleichzeitigem Vorbewegen des Spielbeines aufgelöst, der Arm gesenkt, um den Rhythmus von neuem zu beginnen.

Das Hereintragen der Höhe in die Zielrichtung findet eine Steigerung im Hereinwachsen der ganzen aufrechten Gestalt tief in die zielwärts weisende Waagrechte. Wie der Pfeil auf der gespannten Sehne liegt und ganz mit der Kraft der Richtung erfüllt ist, so hält sich der Übende in diesem Gleichgewicht auf dem tief gebeugten Standbein. Das Spielbein und der nicht erhobene Arm weisen, gelöst, rückwärts; der Blick und die durch Arm und Rumpf gehende Gerade bohren sich ins Ziel.

Dann wird die Höhe wieder aufgerichtet. Sie beginnt dabei ihre langsame Entspannung und beendet sie im Senken des Armes zur Ruhe. Auch das Spielbein beendet den Schritt und setzt zum neuen an[32].

In dieser ersten Steigerung hatte der Übende den Blick unentwegt vorwärts nach dem Ziel gerichtet. Läßt er im Wiederaufrichten aus der großen waagrechten Spannung das Ziel von vorne, dem Horizont, aufwärts zum Zenith wandern, und folgt er seiner gebogenen Bahn mit Blick und Körper, so kommt er in tiefer

31 Der Arm hängt lose in natürlicher Haltung herunter.

32 Mit ihm wird der andere Arm in die Zielrichtung gelegt.

Beugung rückwärts zur Waagrechten[33] und durchmißt den ganzen Halbkreis[34]. Es entsteht dabei abermals eine große tragende Spannung, die nur auf Fußballen und Fußrücken ruht. Die Höhe wird durch die Waagrechte hindurchgetragen und wieder aufgerichtet.

Es ist die schwierigste Probe für das Gleichgewicht. Was den Übenden darin hält und trägt, soll der Blick nach dem Ziel und das unentwegte Bewußtsein der Höhe, das Vertrauen in deren Kraft, sein.

Die Gefahr, die Bewegung in der Form leerlaufen zu lassen, ist hier groß. Sie immer im rhythmischen Flusse zu halten, den Atem frei durch sie hindurchströmen zu lassen, mit dem Blick der Bewegung entschlossen voranzugehen, erfordern neben der Wahrung des Gleichgewichts stärkste Sammlung und ein im ganzen Körper lebendes Raum- und Richtungsgefühl.

Ein grundlegend Neues kennzeichnet diese Stufe gymnastischer Erziehung:

Auf der unteren Stufe ist die Bewegung eins. Sie entfacht sich am Bewegungsinstinkt im natürlichen Rhythmus von Atem und Blut und wird vom Kopf im Bewußtsein gespiegelt. Der Körper lebt sich willenshaft aus.

Auf der oberen Stufe wird das Bewußtsein führend. Die Gliedmaßennatur unterordnet sich seinen Zielen. Der Rhythmus, vorwiegend Atemrhythmus, schwingt mehr und mehr frei über der Bewegung. Der Schritt wird das Maß der Bewegung.

Der geometrische Charakter der Übungen, auf der unteren Stufe deutlich erkennbar, tritt auf der mittleren Stufe zurück. Auf der oberen erscheint er wieder in neuer Form im nunmehr bewußten Erfassen des unbegrenzten Raumes durch die Dimensionen, in ihren Durchdringungen und in den großen sphärischen Bewegungen.

33 Der sonst unbeteiligte Arm wird dabei nach vorne erhoben, so daß beide Arme zusammen die Waage darstellen, die nach oben geöffneten Hände deren Schalen. Bothmer ließ dies oft auch ohne das Heben des ergänzenden Armes ausführen. Aus einer Skizze ist zu ersehen, daß er sich diese Waage auch durch die Mitwirkung beider Arme dachte.

34 Dies geschieht auf derselben Standgrundlage, ist nicht mit einem Schrittwechsel verbunden.

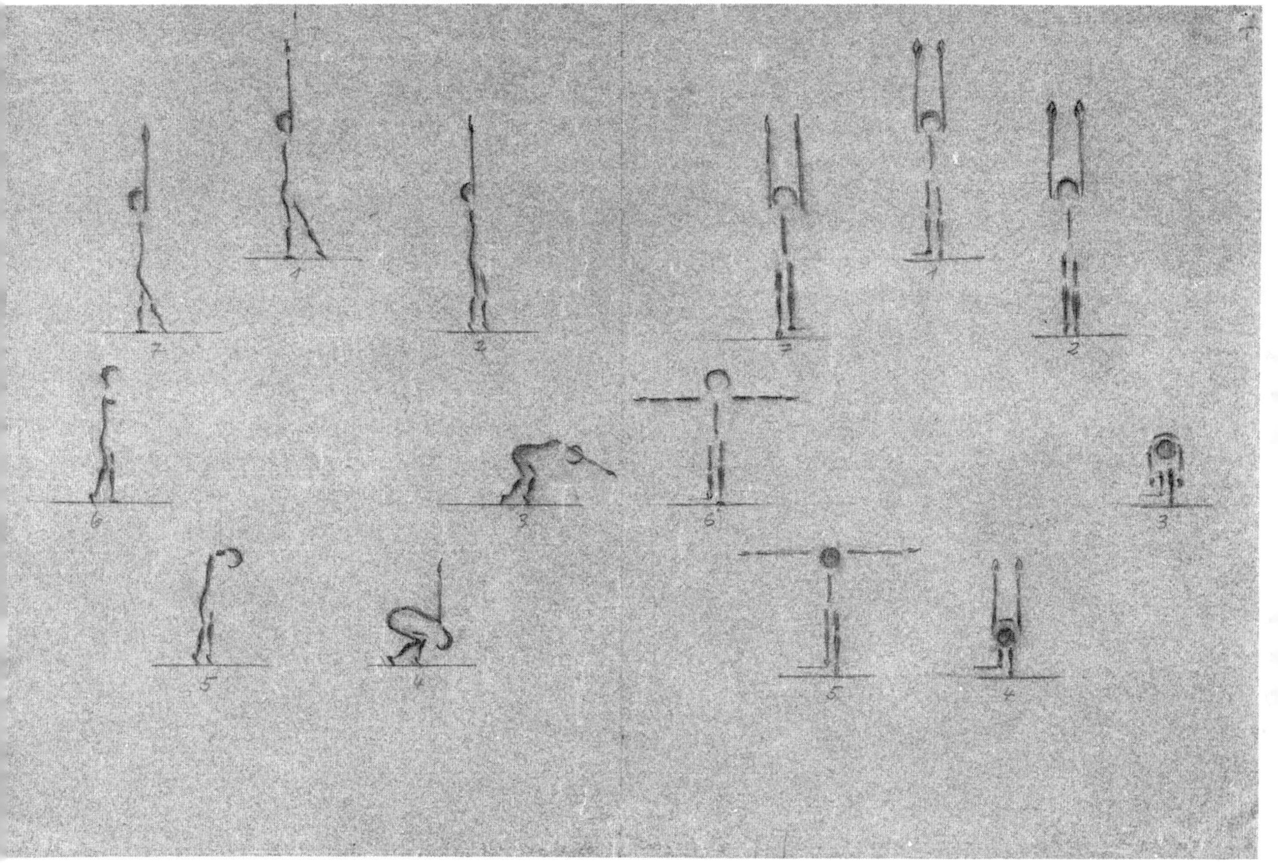

Von der Seite

Die verzerrte Höhe (S. 72)
Beginn oben Mitte, Uhrzeigersinn von vorne

Bei den vorigen Übungen schwingen die Waagrechte in die Vertikale, die Aufrechte in die Horizontale ein, ohne ihre vom Übenden aus bestimmte Qualität als Weite und Höhe, Waagrechte und Aufrechte zu verlieren. Solche Durchdringungen wiederholen und steigern sich auf der obersten Stufe. Sie rufen das Bewußtsein zu starker Anspannung auf.

Das Schreiten kann auch Bewegungen dienen, die dem räumlich gestreckten Ziel nicht so sinnfällig untergeordnet sind, in denen es nur im entscheidenden

Zeitpunkt aufleuchtet. Noch unauffällig geschieht dies in dem schon dargestellten Rhythmus der beiden Kreuzungen hinter dem Rücken; stärker schon im Wiederaufbäumen nach dem Sturz.

In den beiden folgenden, einander verwandten und doch grundverschiedenen Übungen ist es rhythmisch der gleiche und der entscheidende Zeitpunkt, in dem das Ziel für den Übenden von Bedeutung wird und mit vollem Bewußtsein erfaßt sein will:

Die verzerrte Höhe

Der Fuß setzt zum Schritt an, gleichzeitig wird die Höhe durch Erheben der Arme betont. Sie führen den Körper in fließender Bewegung so hoch als möglich, rollen ihn in weitausholender Beugung nach vorne und unten in die Spirale ein und gewinnen in ihrem Zuge wieder die Höhenrichtung, während der Kopf in den Mittelpunkt der Spirale herabrückt. Die Hände übernehmen gewissermaßen die Stelle des Kopfes und schauen vorwärts: eine Verzerrung der Höhe im Verlust der menschlichen Gestalt: ein toter Punkt.

Der Übende folgt nun der aufwärts weisenden Kraft der Arme aus einem neuen Entschluß und beginnt, sich aufzurichten. Mit den Händen weiter den Weg nach oben tastend kommt er dabei von unten her an eine verzerrte Weite, die sich ihm wie ein Joch waagrecht auf den Nacken legt: wieder ein toter Punkt.

In dem Versuch, durch die Waagrechte durchzustoßen, wendet er sie mit neuem Entschluß um ihre eigene Achse: Nun kann er den Kopf erheben, der Blick erfaßt das Ziel, das Standbein faßt festen Fuß, das Spielbein wird frei zum Schritt vorwärts, und die befreiten Arme richten den Übenden wieder zur Höhe auf.

In der erneuten Steigerung der Höhe[35] beginnt der Rhythmus sich zu wiederholen.

Es ist ein dramatisches, zeitweise atembeklemmendes Geschehen voll starker, die Menschengestalt beinahe verleugnender Spannungen und Stauungen, die an

35 Die Handflächen, die beim Heben der Arme von der Weite zur Höhe einander zugewandt waren, werden während der erneuten Steigerung der Höhe nach vorne umgewendet.

zwei tote Punkte führen: zuerst wie in ein Schneckenhaus, aus dem nur noch die Fühler hervorstehen, dann durch die Spaltung der Höhe unter das Joch der Waagrechten. Um so erlösender ist die durch die lineare Drehung der Waagrechten um 360° der menschlichen Gestalt und Bewegung bis in den Schritt wiedergegebene Freiheit.

Die verzerrte Weite

Wird frei der nach oben gewandte Querbalken des Kreuzes um 360° linear wieder zurückgedreht, so verändert sich das Bewegungsbild grundlegend. Es wird nicht etwa rücklaufend.

Die Drehung zwingt den Kopf wieder unter das Joch der Waagrechten, mit ihm die ganze Gestalt, durch die ein tiefes Krümmen geht, wobei die abwärts führenden Arme zu einem kleinen Kreis sich schließen, der in der Begegnung der Handrücken, in der von den Fingerknöcheln geschlossenen Naht beinahe zu einem organischen Ganzen sich formt. Dieser kleine, der Waagrechten entstammende Kreis schließt sich hart an der Fußspitze des Standbeins. Sein Mittelpunkt ist der tiefgebeugte Kopf.

Das Spielbein weicht weit nach rückwärts aus.

Nun trägt der Übende den kleinen Kreis der Arme zur Höhe und richtet sich wieder auf. Das Spielbein holt den rückwärts beschriebenen Weg wieder auf.

Im Erheben des Kopfes, der letzten Stufe des Aufrichtens, erfaßt der Blick das Ziel, der kleine Kreis wendet und öffnet sich nach oben und strahlt wieder aus zur Höhe und Weite. Das Spielbein faßt nach vorne Fuß, das Standbein wird frei und beginnt gleichzeitig mit dem erneuten Wenden der Waagrechten seine rückläufige Bewegung.

Ein zweiter und großer, unkörperlicher Kreis entsteht so. Er hat schon da begonnen, wo der kleine Kreis sich im Erreichen der Aufrechten geöffnet hat, nun stülpt er sich in der Waagrechten, der Weite, wieder um und schließt sich mit und in dem kleinen körperlichen Kreis, um gemeinsam mit ihm durch den tiefsten Punkt zu gehen.

Hier entläßt der große Kreis den kleinen, in dessen Mittelpunkt jetzt der Kopf steht, zu seinem Weg von der Tiefe zur Höhe. Dort wendet und öffnet sich der kleine Kreis im Erheben des Blickes in den großen Kreis und erreicht wieder die Weite in der Waagrechten. Im Öffnen nach oben strahlt der Mittelpunkt in den großen Kreis, im Schließen nach unten wird er nach außen zurückgestrahlt. Zwischen beiden liegt die sich wendende Weite wie ein großer Bruch. Um so erlösender das folgende Sich-Aufrichten und Wiederöffnen in den großen Kreis.

In der Dramatik dieses und des vorigen Bewegungsablaufes wie, richtig gesehen, in dem aller anderen dargestellten Übungen, die sich rein gymnastisch folgerichtig entwickeln, offenbart der Raum den Menschen, der Mensch den Raum.

In der unbegrenzten Bewegung, im Gegensatz zur begrenzten, gestauten, wird jener im Raum sich verkörpernde, größere Mensch erkennbar, in dessen Richtkräfte und Rhythmen sich hineinzuordnen und zu formen der Weg dieses gymnastischen Übens ist.

Die drei Kreise

Den Rhythmus dreier ineinander sich schließender und öffnender Kreise bewirkt eine letzte Steigerung und Abwandlung der früher dargestellten Kreisschlingen, die sich aus dem Rhythmus des Kreises entwickelt hatten:

Die rhythmische Folge nach der einen Seite geschwungener und geschlungener Kreise hatte ihren Ausklang in einer tiefen Beugung nach der Seite gefunden. Diese Beugung muß nicht immer ein Teil der ganzen Bewegungsfolge sein. Sie kann als ein in sich geschlossener Rhythmus verlaufen, indem der Übende aus dem Stehen einen Fuß seitwärts setzend mit den Armen weit nach beiden Seiten ausholt und sie in tiefer Beugung seitwärts über den Kopf zu einem kleinen Kreis schließt. Dann öffnet sich der kleine Kreis der Arme wieder im Aufrichten, und der Rhythmus wiederholt sich im Schritt nach der anderen Seite.

In der Beugung hat der ganze Körper, geführt von dem äußeren Arm, das Streben, sich nach einer Seite zum großen Kreis zu runden.

Das Gleichgewicht des großen Kreises hält sich auf dem seitwärts gestellten, äußeren Fuß in der Schwebe. Der innere trägt nur wie eine Strebe mit.

Der Kopf rückt in den Mittelpunkt.

Der große vom äußeren Arm geführte Kreis läßt den kleinen aus sich entstehen und trägt ihn. Ein dritter, mittlerer Kreis entsteht fast unbemerkt auf dem Wege vom großen zum kleinen Kreis und in ihrer Auflösung zum Stehen.

Der kleine Kreis tritt in körperliche Erscheinung, der große nur teilweise; der mittlere lebt nur in der Bewegung.

Das Kreisen um die schrägstehende Achse

Der Fall durch die Übersteigerung der Höhe hat sich, wie dargestellt wurde, in seiner Wiederholung gegabelt: Er nahm durch Stauung eine außerordentlich heftige, kraftgeladene Form und durch Betonung des schwingenden Elementes eine rhythmisch gemilderte Form an. Beide Spielarten wurden schließlich in einer gemeinsamen Form und einem ruhigen Rhythmus wieder verbunden.

Noch einmal, auf der obersten Stufe, klingt dann das Motiv des Falles an und führt nun aus einer neuen Dynamik zu einer neuen Lösung. Ausgangspunkt ist wieder die Höhe, zu der sich der Übende nach der Umwendung im Angelpunkt erhoben hat. Er steht fest auf dem Standbein, das Spielbein hat im Aufrichten zum Schritt vorwärts angesetzt.

Nun federt er sich von vorne entschlossen ab, gibt die Höhe frei und schwingt sich auf dem Standbein breit und ruhig in das Kreuz der schiefen Ebene. Die Arme überkreuzen sich und schwingen durch die Tiefe nach der Weite aus.

Das Spielbein gibt der Bewegung nach rückwärts Raum.

In dem ruhigen Fluß dieses Einschwingens in den Raum liegt kein Beweggrund mehr zu der jähen Umkehr, wie sie früher dem Falle folgte.

Ausgebreitet in das schrägstehende Achsenkreuz kommt der Schwung zur Ruhe. Der Blick ist zielwärts gerichtet.

Dann wendet der Übende aus neuem Entschluß das Kreuz. Er läßt die Querachse rechtwinklig um die schräge Längsachse kreisen, deren Pole er mit dem Blick und der rückwärts weisenden Fußspitze des Spielbeines bestimmt und festhält.

Das Kreuz liegt nun rücklings in der schiefen Ebene und schaut aufwärts.

Die Höhe in der Aufrechten wiederzugewinnen, beugt sich die Längsachse nach rückwärts wie zu einem Kreis durch und wird nun von den ausgebreiteten Armen durch die Tiefe wieder zur Höhe geführt.

Der Übende hatte, noch aufgerichtet, zum Schritt angesetzt. Dann hatte das Kreisen auf dem Standbein stattgefunden. Das Spielbein war nach rückwärts ausgewichen und wird nun im Erheben nach dem Kreisen Standbein. Der große Schritt rückwärts wird dabei aufgeholt und die Höhe in der Vollendung des Schrittes gewonnen[36].

Breit wie ein großes Atmen fließt der Rhythmus dieser Übung.

Die Schwierigkeiten des Gleichgewichts werden in der Hingabe an die unbegrenzte Weite und in ihrem mutigen Kreisen um die Höhe, die schräge Längsachse, gemeistert. Die Weite trägt.

Der Weg gymnastischer Erziehung durch die Schulzeit bis zum 18. Lebensjahr ist in einer Reihe von Übungen gegeben worden, deren jede eine Stufe für sich darstellt. Die Erfahrung hat gelehrt, daß keine fühlbare Lücke da ist. Keinem Schüler sind sie zu einfach gewesen.

Dem Springen wird noch ein besonderer Abschnitt dieser Schrift gewidmet.

Was nun noch kommt, ist dem äußeren Ablauf nach spotteinfach. Der Schüler kann daraus nichts und alles ihm Erreichbare machen.

In dem, was vorher war, hat sich die Willenskraft vorwiegend in der Ergreifung und Überwindung des körperlichen Widerstandes, der Schwere, ausgewirkt. Nun muß die Willenskraft der höchsten Anspannung im Bewußtsein des Übenden fähig sein. So wenig das Spiel der Uhrzeiger bedeuten würde, stünde dahinter für unser Bewußtsein nicht das ganze Wesen «Zeit», so wenig würde in den noch folgenden Übungen der obersten Stufe die Bewegung der Gliedmaßen bedeuten, stünde für das Bewußtsein des Übenden dahinter nicht das ganze Wesen «Raum». Auch die in der Zeit sich folgenden Bewegungen sind als unkörperliche Formen im Raume für das denkende Bewußtsein anwesend. Ihr Zeitmaß hat das hörende Bewußtsein gegenwärtig.

Der Schüler kann dies Wesen von Raum und Zeit nicht ganz zur sichtbaren Erscheinung bringen, aber er kann sich selbst zu immer stärkerem Erleben durchringen und eine Ahnung davon in der Bewegung vermitteln.

36 Diese Übung wird gleich der vorigen nur einmal wiederholt, was sich aus ihrem ganzen Aufbau ergibt. Bothmer ließ es so ausführen.

Die Kuppel als Kreuz der Bogen

Jedes Ausbreiten der Arme zur Höhe oder von der Höhe aus baut einen Halbkreis über dem Haupte und zeichnet die Schädelrundung nach.

Der Übende vermag diesen seine menschliche Gestalt überwölbenden Kräften noch besondere räumliche und rhythmische Formung zu geben:
Er baut über dem einfachen Kreuz von Aufrechter und Waagrechter Bögen auf, indem er die Arme zur Höhe erhebt und die Höhe vom Scheitelpunkt je in einer Rechts- und einer Linksdrehung in die Weite wachsen läßt. Über diese zwei Bögen spannt er, im Scheitelpunkt sich wieder vorwärts drehend, einen größten, dritten Bogen.

Die Füße halten die Zielrichtung fest und tragen den Körper in der Schwebe.

Die Halbkreise bauen eine weitgespannte Kuppel über der Ebene der ausgebreiteten Arme: ein Bogen höher geschwungen als der andere, einer aus dem anderen zu immer größerer Höhe und Weite hervorblühend. Nach der letzten und höchsten Spannung wendet der Schüler die waagrechten Arme vorwärts und löst sich daraus zum Gleichgewicht des «Ich stehe aufrecht fest auf dem Boden im Bewußtsein der Richtungen des Raumes und seiner wölbenden Kräfte».
Der Rhythmus verschwindet fast ganz im Wachsen und Formen des Raumes. Der Raum atmet. Gelingt es dem Schüler, den Atemstrom trotz der großen Spannungen und scheinbar fehlenden Lösungen frei durch die Bewegung zu tragen, dann wird der Raum ein zweiter und größerer Atem. Die Spannungen werden nicht starr; der pulsierende Atem hält sie locker.

Die drei aufeinander senkrecht stehenden Ebenen des Raumes sind in den halbkreisförmigen Bögen, begleitet von dem Drehen des Körpers, entstanden:

eine: das Vorne und das Hinten trennende,
eine: das Rechts und das Links trennende,
eine: das Oben und das Unten trennende Ebene.

Die Grundrichtung nach dem Ziel wurde im Standpunkt festgehalten.

Auch dieser Punkt kann ein gewisses Maß von Freiheit erlangen, indem der Übende in vor- oder rückschreitender Bewegung die drei Grundebenen und die drei Grundrichtungen des Raumes durchmißt.

Er entrollt zuerst den dreidimensionalen Raum, dann nimmt er ihn wieder Zug um Zug zurück, eine Dimension in die andere hineintragend bis zur höchsten Durchdringung. Sie wird erreicht im aufgerichteten und weitgespannten Kreuz der menschlichen Gestalt, in das der Raum mit all seinen Kräften mündet.

In dem Punkt, in dem «Ich stehe», findet er schließlich seine größte Verdichtung. Im Punkt hebt er zu guter Letzt sich wieder auf.

An seiner Stelle steht der raumbewußte Mensch als lebendige Einheit in seiner Dreiheit von Denken, Fühlen und Wollen:

Der größere Mensch als das Maß aller Dinge.

Ich lege die Arme in die Richtung vorwärts und trete einen Schritt vor; ich wende die Hände nach oben und trete den Schritt wieder zurück.

Ich öffne die Arme zur Weite und trete abermals einen Schritt zurück; ich schließe die Arme zur Höhe[37] und beuge mich zur Tiefe, mit dem Spielbein weiten Raum nach rückwärts gebend; dann richte ich mich wieder auf zur Höhe, den weiten Schritt rückwärts wieder aufholend; ich trage die Höhe in die Weite. Das Spielbein faßt vortretend Fuß; ich wende die von Höhe durchdrungene Weite linear nach vorne, erfasse mit dem Blick mein Ziel und schließe den Schritt; ich stelle die vorwärtsschauende, von Höhe durchdrungene Weite in den Widerstand der Erde, in den Punkt, von dem ich ausgegangen bin; ich löse mich aus der räumlichen Spannung. Die sich und mich durchdringenden Raumesrichtungen lasse ich als Willenskräfte in meinem Bewußtsein weiterleben. Ich stehe.

37 In der Höhe werden die Hände nach vorne umgewendet.

Wohl die beste Schule für das Gehen ist das Laufen, für das Laufen das Springen. Viel springen, in veränderten Rhythmen, in Paaren oder Ketten macht beweglich, befeuert den Willen und formt.

Die erste Schule des Gehens, Laufens und Springens auf dem Wege dieser gymnastischen Erziehung war der Reigen:

«Ich stehe.
Ich gehe –
ich lauf' meine Bahn –
ich springe, ich springe, ich spring'
und halt' an ...»

Es war der natürliche Übergang aus dem Stehen in die gesteigerte Bewegung vorwärts und schließlich ihre Verlangsamung bis zum Stehen. Das Kind erlebt dabei im Stehen die Aufrechte und den Widerstand im Stehen; die taktierende, gemessene Bewegung des Gehens; den Rhythmus des Laufens als fließende Bewegung im natürlichen Kräftespiel und die entschlossene Kraft des Sprunges. Je spielender das Kind läuft, um so besser und anmutiger. Aber es ist gut, wenn es dabei einen bestimmten Rhythmus innehat, wie er etwa in den Worten gegeben ist: «Ich lauf' meine Bahn», den es bei sich selbst sprechen kann.

Laufen nebeneinander in Ketten zu zwei oder drei ist eine richtige Gemeinschaftsübung und hat viel Werte in sich. Kinder lernen dabei von sich aus in gesunder Weise ihre Bewegung aufeinander abzustimmen.

Soll das Laufen eine Freude bleiben, so muß es ein freies Spiel der Kräfte sein. Damit der geweitete Atem frei durch das Laufen strömen kann, muß die ganze Bewegung aus der Aufrechtheit des Gehens in eine Rundung übergehen, die den ganzen Organismus ergreift. Je weniger sich der obere Mensch (Brust, Arme, Kopf) der Bewegung entgegenstemmt, je mehr der Kopf und die Arme sich der leisen, lockeren Beugung des Rumpfes anpassen, um so freier und freudiger wird das Laufen.

In den Redewendungen: «Ich gebe einer Sache freien Lauf» und «Ich lasse eine Sache laufen» liegt ebensoviel Beherzigenswertes für eine Schule des Laufens, wie in: «Ich gehe» oder «Ich lasse mich gehen» für die Schule des Gehens.

«Ich gehe» – «ich lauf' meine Bahn.»

Das Laufen ist oft genug nur eine Art Vorfallens, dem die Beine nacheilen. Im gymnastischen Laufen wird bei aller Freiheit des Kräftespiels Schritt für Schritt vom Läufer geführt. Der Atem sorgt für die Einheit der Bewegung, indem er sie breit und tief durchströmt. Jeder Schritt soll mit der Zeit ein zielender Griff vorwärts werden. Der Fuß faßt tastend die Erde und fängt nicht etwa nur den Fall auf. Mit dem anderen Fuß schnellt sich der Läufer vom Widerstand der Erde ab und löst diese Spannung im freien Rückschwingen des Beines auf.

Die Bewegung des Laufens strebt nach Raumgewinn; das soll den Läufer innerlich erfüllen.

Der Lauf ist unten, im Schritt, vorwiegend strahlende, richtunggebende, oben ist er kreisende Kraft. Sie durchdringen sich gegenseitig. Der Schüler kann in seinem Bewußtsein bald mehr auf die eine, bald auf die andere gelenkt werden, bis er schließlich ihre Durchdringung wahrnimmt und meistert.

Der kreisende Rhythmus des Laufens kann im Lauf selbst erzeugt werden, er kann aber auch – das ist das schwerere – aus dem Stehen entspringen. Aus einer ganz gelassenen Haltung trägt der Schüler die Arme bis in die Fingerspitzen gelöst nach vorne – aufwärts und läßt sie dann, wie über die Oberfläche einer großen Kugel streichend, weiterkreisen. Er hüllt sich geradezu in diese kreisende Kraft ein, die einen Augenblick, etwa im Hinstreichen über die Schulterblätter und den Rücken, körperlich deutlich fühlbar wird, um gleich wieder in den Rhythmus einzutauchen.

In diesem Augenblick, wo von der Höhe her der kreisende Rhythmus den Körper ergreift, löst er wie in einer leisen Berührung die Bewegung zu einem spielend leichten Laufen aus. Während der Lauf spielt, schließt sich der Kreisrhythmus nach oben wieder. Damit verklingt die Bewegung zunächst wieder so allmählich, wie sie ausgelöst wurde.

Diese Art des Laufens entzündet im Üben eine besondere Kraft rhythmischen Laufens, die sich schließlich auf alles Laufen überträgt. Aus dem Gehen ist sie leichter zu gewinnen als aus dem Stehen.

Es ist wohl das Höchstmaß an Leichtigkeit, Überwindung der Schwere, die im Laufen aufgebracht werden kann. Hier erlebt der Schüler den Impuls der Vorwärtsbewegung. Der Lauf – ein Rhythmus.

Reife des denkenden, fühlenden und wollenden Menschen gibt erst die Voraussetzung für solches Üben. Bis dahin genügt im allgemeinen das Beispiel des Lehrers.

Diese Art zu laufen ist vielleicht am nächsten wieder verwandt dem des kleinen, seiner Bewegung noch unbewußten Kindes, dessen spielende Anmut uns noch überirdisch anmuten kann.

1. Sprung

Der Lauf kann von Zeit zu Zeit zu einem weit und hoch geschwungenen Sprung gesteigert werden und dadurch die raumgewinnende Bewegung immer neu befeuern. Dieser Sprung ist zunächst nur ein gesteigerter, beschwingter Lauf-Schritt, wie er in dem zweiten Kinderreigen erscheint.

«Ich sprin – ge, ich sprin – ge, ich spring' ...» Er bedeutet eine besonders gute Schule für jene nach vorwärts zielende und den Boden wie mit der Hand ertastende Achtsamkeit des Fußes, die dem Lauf des erwachsenen Menschen Anmut und Feuer gibt.

Dieser Sprung kann rhythmisch wiederholt werden. Dann lautet er gesprochen:

«Schritt, Schritt, Sprung, Schritt, Schritt, Sprung ...»
oder «Kurz, kurz, lang ...»
oder «Ta ta tam, ta ta tam ...»

In diesem Rhythmus kommt dieser Sprung erst richtig zu seinem Wesen: Er wird Freudensprung. Er eignet sich gut zu Sprüngen in Paaren und ganzen Ketten.

Einzeln gesprungen verlangt er seiner Eigenart entsprechend die feurige Kraft des ganzen Menschen. Dies kann gesteigert werden durch senkrechtes Hochstoßen und Auffangen eines im Schwerpunkt gehaltenen waagrechten Stabes. Indem der Schüler mit langem Arm dem aufwärts geschwungenen Stab nachspringt, betont er die vorwärts und aufwärts führende Kraft des Sprunges.

Eine schwierige Steigerung und Bereicherung dieses Rhythmus bedeutet es, wenn der Sprung getragen und beflügelt wird durch ein Hochschwingen beider Arme von der Weite zur Höhe und wieder aufgefangen wird von einem Ausbreiten der Arme.

In beiden Formen ist dieser Sprung ganz strahlende Kraft.

Das einzelne Glied des Rhythmus «oo–» ist eine Sprungstudie von großem und selbständigem Wert. Wird sie für sich geübt, so fangen die kreisenden, wie über die Oberfläche einer Kugel streichenden Arme den Niedersprung auf und führen die Bewegung zur Höhe zurück, bis im Stehen auf dem vorgeschwungenen Bein das Gleichgewicht wiedergefunden ist. Dies Auffangen des Niedersprunges und Wiederaufrichten hat viel Ähnlichkeit mit dem sich Erheben, das der Umdrehung nach dem Fall in die schiefe Ebene folgt.

2. Sprung

Wirkt der Rhythmus «oo–» im Sinne der Vorwärtsbewegung, so bedeutet «o–» ihre Stauung und Aufsteilung zur Höhe.

«Ga – lopp – Ga – lopp – Ga – lopp ...»

Der Körper wird im Sprung geballt, wird selbst Kugel. Im Niedersprung löst sich diese Spannung wieder zur Aufrechten im Zwischenschritt.

Der Sprung wird am besten aus dem Stehen durch ein Rückwärtstreten eingeleitet, dann entweder, wie es schon im Klang des Wortes «Ga-lopp» liegt, leicht und schnell entwickelt oder durch kreisendes Schleudern der gestreckten Arme mit geballten Fäusten bis zur höchsten Kraft gesteigert.

Das Galopp-Springen sollte immer in das Laufen ausklingen, um Atmung und Puls allmählich zu beruhigen. Im Übergang vom Galopp zum Laufen wird eindringlich erlebbar, was es gegenüber der Stauung bedeutet, der Bewegung wieder freien Lauf, die Zügel schießen zu lassen. Dieser Sprung ist ganz sich rundende Kraft.

Auch der einzelne Sprung «o–» ohne rhythmische Wiederholung kann auf zwei Arten geübt werden: Entweder wird er, stark geballt, von den aufwärts geschleuderten, kreisenden Armen begleitet, die den Niedersprung mit starkem Aufsetzen der Füße betonen und den Körper wieder aufrichten; der dabei eintretenden Überstreckung muß die sofortige Entspannung folgen, sonst wirkt sie sich im Fall nach der schiefen Ebene aus. Oder der Sprung erfolgt leicht aufgerichtet mit ausgebreiteten Armen, dann halten diese nur das Gleichgewicht, und der Niedersprung wird im tief durchfedernden, leichten Schritt aufgefangen.

Diese Spielart kann auch rückwärts gesprungen werden, wobei sich der Absprung aus dem Vortreten ergibt.

Der Einzel-Galoppsprung lautet: «ta – ta'm – tata».
Das «ta» ist die Stauung zum Absprung.

3. Sprung

Der Rhythmus dieser Einzelübung zum Galoppsprung kann zwar für sich bestehen. Mit innerer Dynamik steilt sich aber aus diesem Rhythmus noch einmal ein zweiter Sprung auf, so daß der neue Rhythmus zwei Sprünge mit wechselndem Absprung umfaßt[38]. Der letzte Sprung mündet unmittelbar in den Punkt, in dem der Rhythmus zur Ruhe, der Springer zum Gleichgewicht kommt. Der Sprung lautet: «ta – ta'm – tata – ta'm – ta.»

Der Springer steht zum Schluß auf einem Bein, das Spielbein frei, die Arme ausgebreitet, die Augen auf das Ziel gerichtet.

Es ist eigenartig, daß dieser Rhythmus sich nur mit der Weite verbindet, nur mit waagrechten oder nahe um die Waagrechte kreisenden Armen gesprungen werden kann.

Der erste Sprung «oo– oo– ...» war begleitet von einem Schwingen der Arme aus der Weite zur Höhe und wieder zur Weite; der zweite «o– o– o– ...» von einem Kreisen der Arme von der Tiefe zur Höhe und wieder zur Tiefe; der dritte «o – oo ––» wird mit waagrechten Armen gesprungen.

Darin spricht sich vernehmlich die Wesensart der drei Sprünge aus: der erste ist der Höhe zugeordnet, ganz strahlende Kraft; der zweite der Tiefe, ganz sich rundende, kreisende Kraft; der dritte der Mitte, dem Gleichgewicht zwischen Höhe und Tiefe. Er wird aufrecht gesprungen, ist oben strahlende, unten sich rundende Kraft. Dieser dritte Rhythmus kann sogar rückwärts gesprungen werden. Daraus folgt die Möglichkeit, daß zwei einander gegenüberstehend sich die Hände geben und miteinander im Kreis der Arme, der eine vorwärts, der andere rückwärts, diesen Rhythmus springen können.

Wie im ersten Kinderreigen stehen sich Ich und Du wieder gegenüber.

Die allmähliche Steigerung dieses Sprunges, wie sie dargestellt wurde:

38 Bei diesem Sprung wies Bothmer darauf hin, daß es sich um eine Vereinigung beider vorhergehender Einzel-Rhythmen handelt: 0–', 00–', danach folgt das abschließende Auffangen.

«ta – ta'm – tata,
ta – ta'm – tata,
ta – ta'm – tata – ta'm – ta»

die wiederholt, vorwärts oder rückwärts oder beides im Wechsel, zu einem oder zu zweien gesprungen werden kann, ist eine gute rhythmische Schule und wie ein Schlußakkord des Springens.

Es empfiehlt sich weder für Lehrer noch Schüler, die Rhythmen etwa zu zählen; sie sollen vom musikalischen Ohr aufgenommen, geführt und geprüft werden bis in die feinsten Einzelheiten der Bewegung hinein. Die dargestellten Sprungarten umfassen, wie oben dargestellt wurde, den ganzen Menschen; sie vermeiden Überschwenglichkeiten, die ungymnastisch sind und das Bild des Menschen verzerren.

Auch aus der Schule des Gehens, Laufens, Springens muß zu guter Letzt die Gestalt des Menschen im Gleichmaß der Kräfte hervorgehen. Diese Schule als Teil der gymnastischen Erziehung führt im letzten Sprung auch in den Punkt, in welchem der nach Weite, Höhe und Ziel gerichtete Mensch das Gleichgewicht findet. Dann löst er die nach außen gewandte Spannung auf, läßt aber Raum und Sprungkraft in sich weiter wirken. «Ich stehe in den Raum gerichtet, im Gleichgewicht, im Bewußtsein meiner Sprungkraft.» Das Laufen und Springen findet in Stab und Speer Bereicherung und Steigerung, das Springen in der Unterstützung mit Tambourin und den Zimbeln seine stärkere Betonung. Der Akzent liegt dabei jeweils auf dem Höhepunkt des Sprunges.

Stab und Speer werden beim Lauf, waagrecht vorwärts gerichtet, von leichtgebeugtem Arm hochgehalten. Sie ruhen dabei in der Handfläche. Der Speer kann auch im Lauf waagrecht hochgestoßen und wieder aufgefangen werden.

Dies kann sich bis zum Sprung steigern und wiederholt sich in dem Rhythmus «ta - ta - ta'm - ta - ta - ta'm», so daß in einem Sprung der Speer waagrecht hochgestoßen, im nächsten wieder aufgefangen wird.

In dem Rhythmus: «ta – ta'm – tata – ta'm – ta» findet auch diese Art des Speerstoßens ihre Krönung. Der Übende stößt den Speer im ersten Sprung waagrecht hoch, fängt den von der Höhe zurückkehrenden im zweiten Sprung wieder auf und kommt gleichzeitig zum Stehen: den vorwärts gerichteten Speer hoch in einer Hand, den anderen Arm seitwärts gehoben, das Gleichgewicht auf einem Beine haltend.

Reigen

Gebt euch die Hände:
Schwingender Kreis
Beugt sich zur Tiefe,
Richtet sich auf –

Wendet nach außen
Sein Gefüge.

Stützend vertraue
Einer dem andern.

Schwingender Kreis
Spannt weite Bögen,
Trägt sie empor –

Wendet nach innen
Sein Gefüge;

Waget das Schwerste,
Fest verbunden.

Auf richtet sich,
Weit gespannt,
Fest geschmiedeter Kreis.

Es teilt sich der Reigen:

Bewegendem Leben
Verbündet zur Wehr sich
Kraftvoller Glieder
Wuchtender Trutz.

Steifet den Nacken
Und spannet die Sehnen,
Löset die Fesseln,
Steht frei und stark.

So eint dem Wechsel sich
Kraftvolle Ruhe –
Freude ist bei der Kraft,
Kraft bei der Freude.

Höhe zur Tiefe
Zur Weite,
Mitte
Strahle zum Kreis,
Tiefe zur Höhe.

Schwinget zur Weite.

Es schließt sich der Reigen:

Geschlossen die Kette –
  Spanne jeder die Kraft,
  Daß kein Glied erschlafft.

Vorwärts! –
  Kette rückwärts gespannt,
  Blick bleibt vorwärts gewandt.

Ohne Rast!
  Wechsel halte euch wach,
  Keiner tu es euch nach.

Noch ein Schritt!
  Faßt an!

Und nun frei
Die Bahn –

Tam-ta-ra-la, tam-ta-ra-la ...

Zweiter Teil

Aufsätze und Stenogramme aus den Jahren 1923–1941

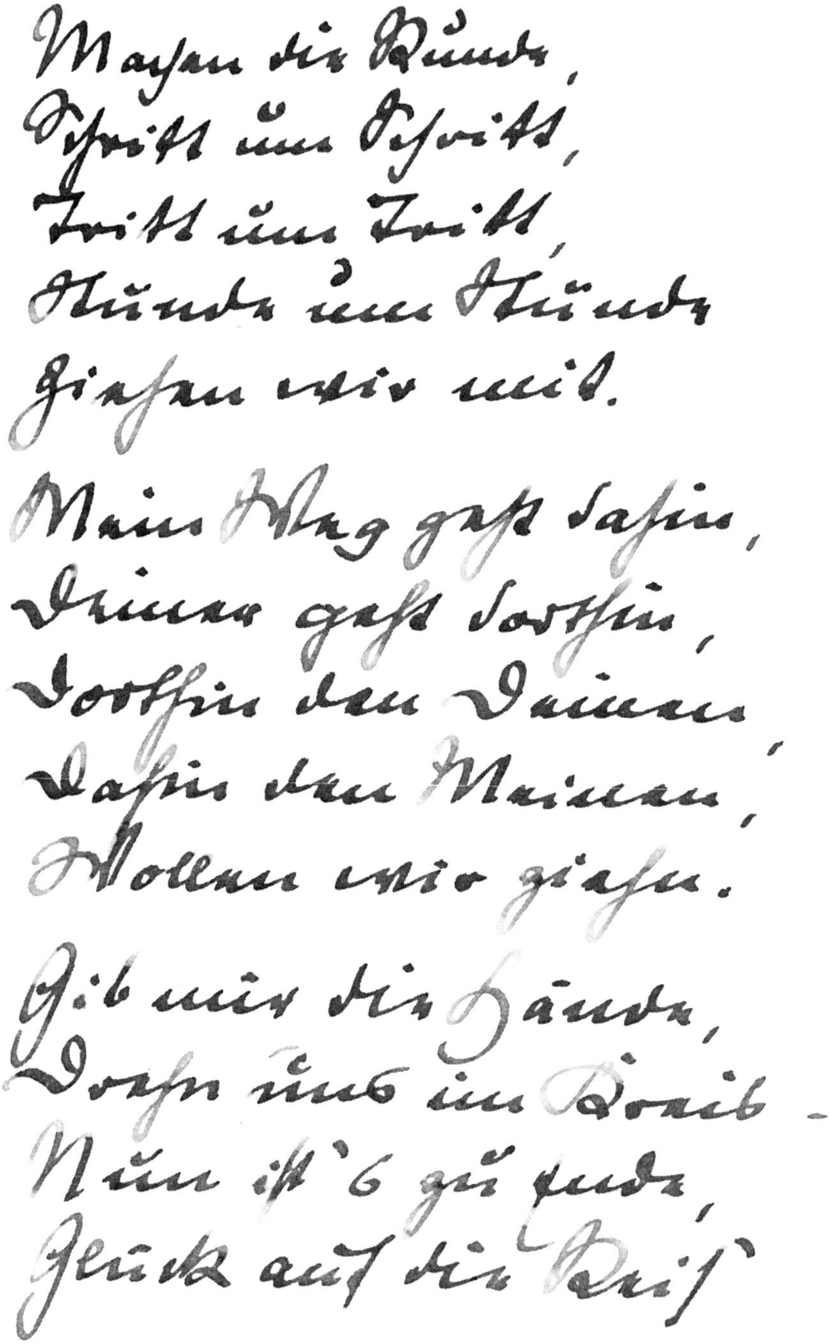

Machen die Runde,
Schritt um Schritt,
Tritt um Tritt,
Stunde um Stunde
Gehen wir mit.

Mein Weg geht dahin,
Deiner geht dorthin,
Dorthin den Deinen,
Dahin den Meinen,
Wollen wir gehen.

Gib mir die Hände,
Dreh uns im Kreis –
Nun ist's zu Ende,
Glück auf die Reis'

Faksimile der Handschrift Graf Bothmers

Referat über den Turnunterricht

1923[1]

Zu Beginn der Konferenz hält Graf Bothmer ein Referat über den Turnunterricht, etwa folgenden Inhaltes (nach Notizen).

1. Freiübungen: Bewußtes Durchdringen des Körpers mit den im Kinde sich regenden Lebenskräften. Nahe Berührung mit der Eurythmie. Eurythmie belebt, Turnen trägt durch den Willen diese Kräfte bis in die äußersten Gliedmaßen. Eurythmie wird nicht so bewußt gemacht. Es gibt Bewegungen, die den Eindruck des Toten oder aber des Lebendigen machen. Verhältnis des Turnens zum Erleben des Wachsens, zum Sich-Öffnen des Körpers. Der Turnlehrer steht dem Kinde gegenüber wie der Plastiker seinem Kunstwerk. Anleitung zum Sich-Hineinstellen in den Raum. Der turnende Mensch fühlt sich in den Raum hinein. Man soll mit den Dimensionen des Raumes in einen starken innerlichen Kontakt treten. Zur Erde sich zusammenhocken, oder im Sprung sich von der Erde lösen. Erleben von Aus- und Einatmen. Ich sage den Kindern: Traget euren Kopf, traget euren Oberkörper, eure Schultern, weil die Neigung besteht, den Körper hängen zu lassen. Ich weiß nicht, ob man so etwas sagen kann. Beim Turnen hat man es in besonderem Maße mit dem Willen zu tun.

1 Referat über den Turnunterricht (1923), genehmigter Abdruck der Rudolf Steiner Nachlaßverwaltung aus: Konferenzen mit den Lehrern der freien Waldorfschule Stuttgart, Bd. 2, S. 293.
Mit diesem Referat in einer Lehrerkonferenz mit Rudolf Steiner blicken wir auf die früheste gymnastische Äußerung Bothmers, und wir erkennen, daß die Idee, am Raumbegriff orientiert, klar von Anfang an in seinem Bewußtsein lebte. Etwa ein Jahr vorher hatte er an der Schule angefangen. Die anschließenden Äußerungen Rudolf Steiners müssen im 2. Band der Lehrerkonferenzen nachgelesen werden. Außer dem Teil, mit dem er voll *«einverstanden war»*, sprach er über das Geräteturnen, «nur den Geist und die Richtung» angebend. Das Kind müsse das Gerät «mit seinem ganzen Körper empfinden»; Reckübungen, Bockübungen wurden urphänomenal angegeben und das Verhältnis zur Eurythmie erläutert. In der Lehrerkonferenz am 3. 9. 24, der letzten, wurde gefragt, ob bei einer Monatsfeier Gymnastik gezeigt werden könne. Dr. Steiner: *«Gymnastik bei der Monatsfeier, das ist sehr schön»* (s. o. Bd. 3, S. 191).

2. Geräteübungen: Die Geräte sind heute meist etwas Totes. Manche sind ganz abstrakt, zum Beispiel die Barren. Kletterstangen haben wir Gottseidank nicht; sie sind völlig tot, etwa gegenüber den Seilen. Das Geräteturnen ist heute sehr stark eine Sache der bloßen Routine. Die Kinder sind bei diesem Toten nicht mit dem ganzen Wesen dabei. Man kann aber, um den ganzen Körper zu erfassen, zwei Geräte miteinander kombinieren, zum Beispiel Reck und Bock. Wenn zwei verschiedene Bewegungen des Körpers zu gleicher Zeit oder unmittelbar hintereinander sich vereinen, wird es viel lebendiger, besonders beim angewandten Turnen im Freien. Das Schönste wäre Springen über Gräben und Hecken. Es fehlt unseren Schülern die Gelegenheit, sich auszutoben.

3. Spielen und Sport: Dr. Steiner habe gesagt, zu vieles Spielen verweichliche. – Dazu haben wir keine Zeit. Solche Sportarten wie Schwimmen, Kugelstoßen, Diskuswerfen, Speerwerfen müßte man herausheben aus dem völlig veräußerlichten Sportbetrieb. Schönheit der Bewegung, nicht das bloß Rekordmäßige.

4. Soll man Buben und Mädchen untereinander stellen, oder sollen sie zwar im gleichen Raum turnen, aber gesondert? Die Mädchen halten die Buben auf. Soll man die Kinder nach Temperamenten gruppieren? Das wäre das Ideale.

Wege

1927

Rudolf Steiner, der Zweiundsechzigjährige, kehrte eines Tages ein von einem Besuch der Waldorfschule in seine Wohnung in der Landhausstraße zurück. Wir gingen einige 30 Schritt hinter ihm. Da ging er, aufrechten, festen, sicheren Schrittes und doch so ganz ohne Erdenschwere seinen Weg, den Blick schweifen lassend zu den nahen und fernen Höhen – ein Jugendlicher, ein freier Mensch vom Scheitel bis zur Sohle. Wir wußten, wie müde er sein konnte bei den langen Sitzungen – und hier zog er so froh dahin! Oder zog mit ihm, mit seinem so schwer erschöpften Körper das ganze Geisterheer seiner Schulkinder, bei denen er eben war, ihn auf ihren Händen tragend, Blüten vor ihm streuend? – Ja, so war es.

Er saß in einer Lehrerkonferenz. Ein Lehrer berichtete. Rudolf Steiner hörte, das Ohr dem Sprechenden zugewandt. Kein Ton konnte diesem andächtigen Ohr entgehen. Das Mienenspiel verriet nichts. Den Kopf leicht in eine Hand gestützt, das unbewegte Antlitz ganz nach der Seite gekehrt, sah er stillen, unergründlichen Blickes lange, lange einem der Menschen ins Auge, suchend, lesend, so ganz offen, hie und da etwas aufleuchtend oder sich beschattend wie zu einer Frage – die Zeit schien für ihn stille zu stehen. Sein Geist hatte sich über sie erhoben und Unendlichkeiten klangen aus diesem Blick. Wer in ihm sich finden durfte, wußte, daß für ihn eine entscheidende Stunde geschlagen hatte. – Und nun antwortete Rudolf Steiner dem Vortragenden auf seine Ausführungen, so sachlich, klar und warm, als hätte er nichts getan, als ihm mit innerster Aufmerksamkeit zugehört. Auch so erzog Rudolf Steiner seine Lehrer.

Man mußte sich sehr anstrengen, in der Schule einen ruhigen Augenblick zu einem Gespräch mit Rudolf Steiner zu finden. Ich legte mich geradezu auf die Lauer, um ihn zu bitten, zu uns in den Turnsaal, wo wir für uns übten, zu kommen. «Vielleicht später, ich muß jetzt in die zehnte Klasse.» Traurig kehrte ich in den Turnsaal zurück und übte. Kurz darauf ging die Tür auf und Rudolf Steiner trat ein, Hut in der Hand, Mantel am Arm. Man sah, er war in Eile. – «Nun?» – In diesem Augenblick wäre man gern in den Erdboden versunken. Wo und was war denn das alles, was man ihn seit Monaten fragen wollte? Es sank in nichts zusammen. Ich dachte nur: Arbeite, übe, dann wirst du es schon selbst finden. «Nun?» – Mein Freund und ich zeigten Dr. Steiner ein paar erste gymnastische Versuche. – «Und nun übertragen Sie das ins Schreiten.» So einfach das Wort war, es erschloß uns ein weites neues Feld der Arbeit. «Kann man da auch Formen schreiten lassen wie in der Eurythmie?» Er zeichnete auf ein Blatt zwei Formen; so einfach die eine, so rätselvoll die andere. Wir nahmen sie hin, ohne nach dem Sinn der Formen zu fragen. War's recht so getan oder nicht? Das Rätsel jener Form hat sich mir bis heute nicht gelöst. Das weiß ich: seine Lösung setzt in der Gymnastik ein Neues, noch nicht Erkanntes voraus.

So führte eben und erzog Rudolf Steiner die Menschen. – Es war aber auch unser letztes Gespräch mit Rudolf Steiner.

Ein paarmal war er in den Jahren 1922–24 zum Turnen der Kinder gekommen. Er sah sehr genau zu, sprach aber nicht in den Unterricht herein. Er ließ alles gelten und gab dem Lehrer noch ein freundliches Wort der Ermunterung zum Abschluß. Hatte man die Kinder zum Beispiel auf der hohen waagrechten Leiter frei gehen lassen, und frug man ihn dann, ob er damit einverstanden sei, so sagte er: «Ja, das fördert die moralische Haltung der Kinder.» *Eine* Übung zeigte er uns selbst an der steilen Leiter. Er faßte die beiden Holme mit den Händen und zog sich aufwärts, mit den die Holme umklammernden Knien sich nacharbeitend. «Die Beine sollen die gleiche Bewegung machen wie die Arme.» Solch ein Wort aus seinem Munde wog schwer. Und wer dabei den zweiundsechzigjährigen Mann mit dem langen schwarzen Gehrock an der Leiter hängen sah, der wurde vor ihm klein wie ein Kind.

Aus dem Gebiet der Körperübungen

1924[2]

In Körperübungen sich außerhalb des Körpers fühlen, klingt paradox. Sich im Raume fühlen, Raumeskräfte erleben, deren Brennpunkt der Körper ist, die ihn durchziehen und formen – das scheint ein Weg zu sein, um das Abstrakte, Mechanische in der Körperübung zu überwinden und wieder zu Geistigem aufzusteigen.

Der menschliche Wille, nicht im selbstischen Sinne auf Rekord gestellt und dadurch den Körpermechanismus wie einen Motor aufpeitschend, sondern als rein geistige Kraft in und durch den Menschen wirkend, in ihm das Tote der mechanischen Gesetze durchdringend und Raum und Zeit in künstlerischer Gestaltung zusammenfassend, führt den Menschen in dies Erleben. Dies ist der Weg zur Gymnastik.

Sport ist ein Symptom westlicher Zivilisation. Er entseelt, entgeistet den Menschen und spannt selbst seinen Körper in den Mechanismus der Gegenwart

2 Als dieser erste Aufsatz geschrieben wurde, hatte Bothmer 1½ Jahre an der Entwicklung der Gymnastik gearbeitet.

ein. Daß man die Sportplätze in den Wald hinaus legt, ändert daran nichts, sondern zeigt erst recht, wie fremd die Natur dem Menschen geworden ist.

Überall, wo sich der Übende in das eigene Körperliche versenkt, sei es in der mechanistischen Auffassung des Sportmenschen oder in der physiologisch-meditativen Art gewisser Schulen oder in der Form der Ausdrucksgymnastik, überall schließt sich der Mensch vom Geistigen ab. Er erlebt sich in verstärktem Maße im Körperlichen und wird Geschöpf seiner erdgebundenen Kräfte, oft bis ins Dämonische hinein.

Anders, wenn der gymnastisch Übende sich draußen im Raume erlebt, wenn er nicht die Begrenzung seiner Bewegung in den Grenzen seines Körperlichen findet, sondern sie durch den Willen erweitert; immer mehr, bis er den Körper nicht mehr als Masse, sondern als Brennpunkt von Kräfteströmen fühlt, die hinaus- und hereinstrahlen in den Raum. Bewußte Hingabe des Körpers an den Raum, an den Makrokosmos in umspannender, gestaltender, durchmessender Bewegung!

Im Stehen erlebt der Mensch Horizontale und Vertikale, die Grundrichtungen des Raumes. In der Aufrichtekraft und in der besonders in den Schultern geformten Breitekraft seines Körpers leben sie in ihm als das Kreuz. Herausgehoben aus diesen Ebenen aber ruht das menschliche Haupt als Kugel, in sich abgeschlossen, spiegelnd, was aus dem Brust- und Gliedmaßenmenschen zu ihm hinaufstrahlt, empfangend das innere Bild der Bewegungen des Körpers und es vergleichend dem idealen Menschenbilde, das in der Seele lebt. Vor diesem Bilde bleiben Arme und Beine nicht einfach Gliedmaßen, die aus ihrer besonderen Dynamik heraus bewegt werden können, sondern ihre im ganzen Menschenwesen begründete Art tritt in ihre Rechte.

Sie beginnen die Sprache des physischen Leibes zu sprechen; dienend tragen die Beine den Körper; sie betonen in ihrer im Vergleich zu den Armen engbegrenzten, immer taktierenden Bewegung das Metrische, Willensmäßige, das im Aufsetzen des Fußes sich stark ausspricht. Füße und Hände zeigen – in der Ruhelage – ihren organischen Teil, den Rücken, während sie den physiognomischen, Fußsohle und Handfläche, der Erde zuwenden.

Die Arme sind frei zu menschenwürdigem Gebrauche. Durch sie kommen die drei Dimensionen des Raumes am Menschen in lebendige Erscheinung als die «Aufrichte», die «Umfassende», die «Wirkende», eben als Grundkräfte des Menschen, nicht als reine Begriffe wie «Höhe», «Breite», «Länge». Sie vermögen auch die Sphäre nachzubilden, sei es deren Formen zeichnend, sei es deren Radien in Streckung und Beugung durchmessend. Und welch lebendige Sprache sprechen dabei die Hände mit, deren Form und Züge so vielsagend sind, die, nicht durch Gesten, sondern mit ihrem Antlitz weisend das «Vorne» und «Hinten», «Oben» und «Unten», «Außen» und «Innen», «Rechts» und «Links» bestimmen. Die Hände geben der gymnastischen Übung Gesicht und Sprache, frei von Mimik, erfüllt vom Geist, der sie geschaffen hat.

Herb, streng steht neben der Eurythmie die Gymnastik. Sie offenbart nichts von Seele; ihr Element ist das Geistige, das den Körper geschaffen hat und als Wille aus ihm spricht. Verwandt der Mathematik scheint richtige Gymnastik ihre Formen dem Makrokosmos zu entnehmen und wieder in den Raum hineinzubilden.

Aus dieser lebendigen Wechselwirkung schafft Gymnastik auch harmonisierend und belebend am unentwickelten und verbildeten menschlichen Körper, nicht aus materialistischer Menschenanschauung nach physikalisch-mechanischen Regeln, sondern aus der lebendigen, willenerzeugenden Kraft des Menschenbildes, das der Lehrer in seiner Seele tragen muß.

Gymnastik als Geometrie im Raume

1925

Sehr verehrte Anwesende! Wer von Ihnen den Vortrag von Herrn Dr. Kolisko[3] über die Entwicklung des Kindes im Lichte der anthroposophischen Menschenkunde gehört hat, wer vernommen hat, wie sich das Geistig-Seelische des Kindes schrittweise seinen Leib erobern muß, wer von Ihnen die Ausführungen des Herrn Dr. v. Baravalle[3] gehört hat, aus denen das gleiche Motiv anschaulich wurde, wie das Kind von einem gewissen Zeitpunkte an sich den Raum erobern

3 Siehe in: Der Lehrerkreis um Rudolf Steiner; Stuttgart ²1979

muß, der mag heute mit Recht diesen Eroberungszug des Kindes im Bilde, von der physischen Seite her betrachtet, erwarten. Das wäre ja, wenn es schon gelänge, sehr schön. Aber auch diese Dinge müssen wachsen. Und die Zeit von 2½ Jahren, seit denen in der Waldorfschule Turnunterricht erteilt wird, waren dafür noch zu kurz. Wenn wir trotzdem mit dem bisher Erreichten zum erstenmal an die Öffentlichkeit treten, so geschieht es deshalb, um in dem Gesamtbild dessen, was unsere Pädagogik erstrebt, nicht diese eine Lücke zu lassen, und um Ihnen wenigstens zu zeigen den Weg, den wir gehen.

Vom Anbeginn unserer Arbeit an hatten wir mit zwei Gegebenheiten zu rechnen. Die erste war, daß Knaben und Mädchen in der Gymnastik gemeinsam unterrichtet werden; die zweite war, daß neben dem Turnen, das erst in der dritten Klasse einsetzt, schon seit Schulgründung, und zwar von der ersten Klasse an betrieben, die Kunst der Eurythmie steht. Die Eurythmie bedient sich als Werkzeug desselben Körpers, an dessen Entwicklung und Gestaltung auch im Turnunterricht gearbeitet wird. Wenn Sie unsere Schülereurythmie am Freitag gesehen haben, so werden Sie vielleicht dabei den Eindruck gewonnen haben, daß in einer Schule, in der Eurythmie gelehrt und geübt wird, sich die hergebrachten Systeme der Gymnastik schwer oder gar nicht halten können, am wenigsten die heute so beliebte Ausdrucksgymnastik. So handelt es sich denn für uns beide, für meinen Freund und Kollegen, der bildender Künstler ist[4], und für mich darum, einmal hinabzutauchen in das Meer der Bewegungsmöglichkeiten des menschlichen Körpers; nicht verstandesmäßig oder gefühlsseelig, sondern übend in nüchterner Beobachtung der Bewegungsmöglichkeiten in Beziehung zur Totalität des Menschen. Nicht viel konnte vor diesem Bilde des Menschen, wie es unserer Pädagogik vorschwebt, bestehen. Gerade das nicht, was im ersten Augenblick als besonders geeignet erscheinen mag für die Kräftigung einzelner Körperteile oder Muskelgruppen.

So wurde dann das spärlich Vorhandene zunächst einmal aufgegriffen. Es wurde geübt, abgewandelt, verworfen wieder, wieder nach längerer Zeit einmal aufgegriffen, bis es schließlich – und ich rede jetzt von den ersten Zeiten unserer Arbeit – seinem allgemeinen Charakter nach als tauglich für den Unterricht gelten konnte. Letzter Prüfstein war natürlich immer das übende Kind. Ihm galt

4 Hanns Strauß (s. Lehrerkreis …)

es im Unterricht abzusehen, ob eine Übung tauglich war und für welche Entwicklungsstufe des Kindes sie geeignet war, bei Mädchen wie bei Buben. Schließlich traten unter diesen einzelnen Erscheinungen auf dem Gebiete der Körperübungen, der Gymnastik doch gewisse Zusammenhänge auf, die auf innere Gesetzmäßigkeiten schließen ließen. Und wir hatten das große Glück, auch auf unserem Übungsfelde vom Physischen her das bestätigt zu finden, was Dr. Rudolf Steiner, unser verehrter Lehrer, uns als die Entwicklungsstufen des Kindes für das ganze große Feld der Pädagogik gekennzeichnet hat. Vom Körperlichen aus genommen charakterisierten sie sich, diese Entwicklungsstufen, als *Körperentwicklung* vorherrschend nur im ersten Jahrsiebent, als Körper*gestaltung* vorherrschend im allgemeinen im 2. Jahrsiebent, Körperbe*herrschung* eintretend etwa im 3. Jahrsiebent. Körperentwicklung, Körpergestaltung, Körperbeherrschung, in dieser Dreiheit eine Totalität, wie der Mensch in seiner Einheit von Leib, Seele und Geist.

Schritt für Schritt, sagte ich am Anfange, muß sich das Kind seinen Leib erobern, bis hinein in sein Knochengerüst. In dem Chaos des kleinen Kindes, wie es zur Schule kommt, in dem Denken, Fühlen und Wollen noch eins sind, gilt es zunächst im Rhythmus die entweder noch schwachen, manchmal unbändigen Kräfte des Kindes in den menschlichen Dienst zu stellen. Das geschieht in der ganzen Erziehung der ersten Schuljahre in allem Unterricht, vor allem in der Eurythmie. Gymnastik in ihren Anfängen hat erst etwa (und ich muß da immer einen Durchschnitt nehmen, denn die Kinder sind in ihrer Entwicklung ja sehr verschieden) um das 9. Jahr herum einen Sinn. Es ist die Zeit, wo das gesunde Kind, belebt oder gebändigt durch den Rhythmus, anfängt, seine zarten Muskeln zu straffen, um dann langsam mit diesen gestrafften Muskeln nach seinem Knochengerüst zu greifen. Auch hier in dieser Zeit sind rhythmische Übungen, gesteigert etwa in der Form rhythmisierter Arbeitsbewegungen, eine gute Hilfe. Erst um das 12. Jahr herum gelingt dem Kinde dieses Greifen, mit gerafften Muskeln, nach seinem Knochengerüst so weit, daß es sich nun vermittels dieses Knochengerüstes fest auf die Erde stellen kann. Es ist die Zeit, in der das Kind anfängt, sich im Raume, den Raum um sich, bewußt zu erleben; die Zeit, in der das Kind auch anfängt, Sinn zu entwickeln für Geometrie, wie Sie gehört haben.[5] Und *Gymnastik ist ja, von einer gewissen Seite gesehen, Geometrie im Raume.*

5 Nimmt Bezug auf den Unterricht bei dem anfangs zitierten H. v. Baravalle.

Auch die Möglichkeit, nun anzufangen, den Schritt des Kindes zu schulen, kennzeichnet diese Epoche, etwa beginnend von dem 12. Jahre an. Wie notwendig das ist, weiß ja jeder, der die flegelhaften Arm- und besonders Beinbewegungen eines gesunden Jungen in diesem Alter kennt. Es ist keine geringe Mühe, aber sie ist, das weiß man ja, sehr nötig. Bei den Mädchen hält diese Entwicklung nicht gleichen Schritt. Der Griff nach dem Knochengerüst, dem Skelett, der bei den Buben in diesem Alter so ausgeprägt ist, tritt bei den Mädchen sehr wenig in Erscheinung gegenüber den Vorgängen, die sich in seiner rhythmischen Organisation, in seinem Blute abspielen. Während der gesunde Bub in diesem Jahr aus dem erwachenden Kraftgefühl heraus nach energischer, beherzter Betätigung verlangt, nach Übungen, die, buchstäblich gesagt, «auf die Knochen gehen», tritt bei dem Mädchen in diesem Alter leicht eine körperliche Erschlaffung ein, die nur durch angespanntes rhythmisches Üben, sei es im Sinne der Eurythmie oder im Sinne der Gymnastik, vielleicht am besten in beiden, überwunden werden kann, sonst besteht die Gefahr, daß dieser Zustand ein dauernder wird. Es ist die Zeit der schroffsten Gegensätze, die Zeit auf der einen Seite zur Neigung, oder mehr als das, zur Brutalität, auf der andren Seite zur Sentimentalität. Herr Dr. Steiner hat uns einmal gesagt für dieses Alter: Nicht durch Aufstachelung seines Egoismus läßt sich eine heilende Wirkung auf Buben dieses Alters erzielen. Aber es muß (sagt er) in Anlehnung an das Gute, Religiöse, Schöne ein Durchgöttlichtsein in ihm rege gemacht werden. – Dieses Wort hat, glaube ich, auch seine Gültigkeit für Körperübungen, sonst wird aus dem Flegel der Rüpel. Werden aber soll ja aus ihm ein Mensch, der seine Arme, Hände, Füße im Dienste des Guten zu regen gewillt ist. Dem kommt ja unsere Pädagogik auf allen Gebieten vom Tage des ersten Unterrichts in der Menschenkunde, vom ersten Schultage an, können wir auch sagen, entgegen in den Bemühungen, dieses Bewußtsein vom Durchgöttlichtsein des Menschen im Kinde lebendig zu erhalten. Mit ihm verbindet sich das Erleben einer geisterfüllten Wirklichkeit im Raume, in der uns umgebenden Welt. Das Wesen des Raumes ist bestimmend für alle gymnastischen Übungen.

In seinen Hauptrichtungen ist der Raum als Vertikale gestellt in der menschlichen Wirbelsäule durch seine Aufrichtekraft; als Horizontale in den menschlichen Schultern durch die Breitekraft. Die Arme vermögen, aufwärts gehoben, sich in die Vertikale, in die Aufrechte einzustellen; seitwärts gehoben in die

Horizontale, die Umfassende. Vorwärtsgehoben weisen sie in die Richtung des Schrittes, des wirkenden Willens, der Tat. Rückwärtsgehoben zwingen sie den Menschen unter das Joch; sie weisen ihn in das Gebiet des Tierischen, das sein Haupt nicht frei erheben kann. Über der Horizontalen bewegt gestalten die Arme die Sphäre nach; die Sphäre, als deren Abbild das Haupt des Menschen über seinen Schultern steht. Unter der Horizontalen fallen die Arme in das Bereich der Schwere zurück, mit ihnen der ganze Mensch, wenn er sein Wesentliches, sein Eigenstes, nämlich seine Aufrichtekraft preisgibt. Anders wenn sich der Mensch zur Erde neigt, zu der Erde, die ihn stützt, die er schreitend mit seinen Füßen abtastet, von der er sich springend abstößt, um im beherrschten Falle sich wieder zu ihr niederzuschwingen. Zwischen der Schwere, die den Menschen nach unten ziehen will, und der Sphäre, die er über seinen Schultern trägt, steht der Mensch im Gleichmaß seiner Kräfte, aufgerichtet in die Vertikale, gebreitet und geweitet in die Horizontale. Der junge Mensch, hereingeführt in dieses Gleichmaß seiner Kräfte, nicht von außen geformt, sondern im Innern erlebend die Kräfte, die ihn zur Erde ziehen, die Kräfte, die die Schwere überwinden, so daß er sich mit vollem Bewußtsein sagen kann: ich richte mich auf, ich erhebe mein Haupt, ich trage meine Schultern, ich bewege meinen Körper, ich schreite, – kurzum zur vollen Körperbeherrschung geführt, gewillt, alle seine Kräfte zu regen im Dienste des Wahren, Guten und Schönen, das ist das Ziel der Gymnastik.

Sie werden die Vorführungen heute teilweise musikalisch begleitet hören. Es ist das ein erster Versuch, das Musikalische aus dem Wesen der Gymnastikübungen herauswachsen zu lassen. In der Gymnastik darf nicht die Musik führen; führen muß der bewegte menschliche Körper. Das musikalische Element ist ja in den Übungen, die wir hier betreiben, doch so weit erkennbar, daß man bei manchen Übungen, die gemeinsam von Mädchen und Buben ausgeführt werden, von einer – es sei in Bescheidenheit gesagt – kontrapunktischen Führung sprechen könnte; aber vielleicht wird Ihnen dieses Wort den Sinn am klarsten machen. Eine musikalische Führung, die zurückweist auf verhältnismäßig einfache Grundmotive, die dann später variiert werden, eben kontrapunktiert, um auf einer höheren Stufe wieder als Einheit in schwierigerer Folge nun zu erscheinen. (Es folgte eine Demonstration)

Einleitung zu einer Gymnastikdemonstration

1926

Gymnastik im eigentlichen Sinne gibt es als Unterricht erst von dem Lebensalter an, wo der Mensch zum Raumgefühl erwacht; wo er sich im Raume draußen, den Raum bis in seine härtesten Äußerungen, das Mineralische, in sich erlebt. Es ist das das Alter etwa um das 12., 13. Jahr herum. Es ist das gleiche Alter, in dem wir auch beginnen, die Kinder Geometrie zu lehren. Diese zwei Dinge gehören zusammen. Was vor dieser Zeit liegt, hat nur die Bedeutung von Vorbereitungen für die Gymnastik; so wie das, was wir in der Geometrie schon in den unteren Klassen treiben, eben vorbereitende Arbeit ist. Sie erinnern sich vielleicht, wie bei mehreren Gelegenheiten während dieser Tagung schon ausgesprochen wurde, daß ja der Stoff so behandelt werden soll, daß er mit den Kindern wachsen kann.

Erst um das bezeichnete Alter kann man im eigentlichen Sinne von Gymnastik reden. Es ist das Alter, wo das menschliche Ich, das bei der Geburt in den Körper heruntergestiegen ist, bis in die dichteste Substanz des Körpers hinein von diesem Körper Besitz ergriffen hat, wo es anfängt Herr zu werden über diesen Körper, in ihm seine Bewegungen zu führen, mit dem Willen ihn zu durchdringen, ihn mit Bewußtsein zu erfüllen.

Dr. Steiner charakterisierte das Wesen der Gymnastik: daß der Mensch sich mit dem Raum verbindet, daß er sich hingibt an den Raum, daß er den Raum bestimmt, daß er die Raumesachsen mit seiner Kraft ausfüllt. Studiert man diesen Raum, so findet man die gesunden Bewegungen. Eine solche Aufgabe kann eben wirklich zu einer Lebensaufgabe werden.

Was ist das Verhältnis von Eurythmie und Gymnastik? Während in der Eurythmie der Charakter der Bewegungen ganz von innen aus dem Organismus des Menschen nach außen getragen wird, ein Inneres nach außen getragen wird, so schlägt umgekehrt in der Gymnastik das Äußere von außen in den Menschen herein. Das, was der Charakter der gymnastischen Übung ist, das ist nicht etwas, was der Mensch aus seinem Innern heraussetzt in irgend eine Bewegung, sondern es ist das, was hereinschlägt in den Menschen. Es ist das Geistige und zwar nicht ein abstrakt Geistiges, sondern das konkret Geistige, mit dem der Mensch sich in der Gymnastik verbindet. Allerdings nur dann verbindet, wenn er sich mit der ganzen Anspannung seines Willens in dem Raum hingibt. Hier ist dann vielleicht eben auch der Punkt, wo sich der Mensch wieder nähern kann den schaffenden Kräften der Welt, aus denen ja auch sein Leib aufgebaut ist.

Herr Baumann[6] hat zu den gymnastischen Gruppen (im 2. Teil), die Sie sehen werden, die Musik komponiert. Sie werden bald sehen, daß diese Musik nicht im eigentlichen Sinne eine Begleitung der Gymnastik ist. Sie geht ziemlich ihre eigenen Wege. Sie greift eigentlich nur das Dynamische der gymnastischen Übungen auf, wie ein Motiv, und nun behandelt sie dieses Motiv ziemlich frei. So daß für die Übenden eigentlich die Aufgabe entsteht, sich gegen die Musik zu behaupten, und nicht sich der Musik anzuvertrauen. Und das ist gut so. Denn – und damit möchte ich die einleitenden Worte hier schließen – in der Gymnastik soll der Mensch zum bewußt denkenden, fühlenden und wollenden Ergreifen seines Körpers geführt werden. Die Gymnastik soll eben sein die körperliche Schule des Ich.

Über die Waldorfschulgymnastik

Diese bisher nur an der Freien Waldorfschule geübte Gymnastik bildet kein ausgedachtes System. Sie ist in bunter Folge entstanden aus dem eigenen Üben, lange ehe sie sich in ihrem Wesen von der geistigen Seite her zu offenbaren begann. Die Übungen sind in der pädagogischen Arbeit und aus dem pädagogischen Bedürfnis entsprungen, haben mannigfache Wandlungen durchgemacht und wurden erst vor knapp einem Jahr ihren inneren Zusammenhängen nach gruppiert.

Meiner Überzeugung nach bilden sie heute schon ein Ganzes, was ja nicht ausschließt, daß manches noch weiter ausgebaut werden, manche Änderung in der Gruppierung noch vorgenommen werden kann. Vor allem erhoffe ich mir,

6 Paul Baumann siehe: Der Lehrerkreis ...

daß tiefere Einblicke in ihr Wesen, als sie mir bis jetzt möglich waren, ihre Richtigkeit mehr und mehr erweisen werden.

Schon nach kurzem Üben stand fest, daß in der Gymnastik der Mensch zum realen Erleben des Raumes vordringen müsse, nicht nur des im Menschen Gestalt gewordenen, sondern ebenso des ihn umgebenden, makrokosmischen, Raumes. In der Gymnastik strebt das Ich über die Brücke des menschlichen Körpers die Verbindung mit dem Raume an. Was das Ich vom Geistigen des Raumes durch den Intellekt in abstrakten Begriffen oder geometrisch erstarrten Formen zu fassen sucht, das soll ihm in der Gymnastik als Raumeskräfte zu Bewußtsein kommen. Nachschaffend soll es sie erleben.

Diese Idee blieb richtunggebend für die weitere Arbeit.

Sie findet ihren stärksten Ausdruck in dem, was sich als Richtübungen kennzeichnen läßt. Diese waren auch der Ausgangspunkt der Arbeit.

Die Übungen offenbaren in neuer Art die Dreigliedrigkeit des menschlichen Organismus und umfassen immer den ganzen Menschen.

1. Gruppe: «Richtübungen». Sie lassen sich hauptsächlich zuordnen dem Nerven-Sinnesmenschen. Sie bilden offenbar äußere, sinnlich wahrnehmbare Raumverhältnisse nach, indem der Mensch seine Arme und Hände durchkraftet in die verschiedenen Raumesrichtungen legt. Diese werden, namentlich in ihren gegenseitigen Beziehungen, am Menschen als Raumeskräfte erkennbar.

Die gymnastische Bewegung bei diesen Übungen ist eine gleichmäßig ruhige, messende oder «gemessene», beschreibende, ohne hervortretende Rhythmen oder Akzente.

In diesen Richtungen tritt der Mensch am stärksten aus sich heraus, er geht in den Raum und gestaltet gewissermaßen von außen an seinem Körper. Sie verlangen Selbstentäußerung bis ins Physische. Alles ist darin Befreiung von der Schwere. Der Mensch wird Höhe und Weite. Sie sind die einfachsten und schwersten Übungen.

2. Gruppe: Übungen, die hauptsächlich dem rhythmischen Menschen zuzuordnen sind.

Sie bilden offenbar innere, sinnlich wahrnehmbare Vorgänge im rhythmischen System des Menschen nach. Ihre Eigenart ist das Spiel mit der Schwere in Spannung und Lösung. Der Mensch tritt bald aus sich heraus, bald zieht er sich in sich zurück.

Die gymnastische Bewegung ist eine selbstverständlich – d.h. ungewollt – rhythmische.

3. Gruppe: Übungen, die hauptsächlich dem Gliedmaßenmenschen zuzuordnen sind.

Sie bilden keine äußeren, sinnlich wahrnehmbaren Verhältnisse des Raumes nach oder innere Vorgänge im Menschen. Sie haben aber offenbar besonders nahe Beziehungen zum moralischen Wesen der Welt und des Menschen. Ihre Eigenart ist Kampf mit der Schwere, am stärksten ausgeprägt in Sturz, Fall und Aufrichten. Der Mensch stößt den Körper von innen. Er schließt sich in mancher Beziehung vom Raume sogar ab, in überstarker Betonung des Ich.

Die Rhythmen sind freie, d.h. ohne bisher erkannte Beziehung zu menschlichen Rhythmen.

4. Gruppe: Rhythmisches Springen:

1. Rhythmus: ◡ ◡ – ◡ ◡ – ◡ ◡ – ... kennzeichnet sich in der ganzen Art der Bewegung als ein Rhythmus des «Oben». Er *trägt* den Menschen.

2. Rhythmus: ◡ – ◡ – ◡ – ... Rhythmus des «Unten»; er *stößt* den Menschen.

3. Rhythmus: ◡ – ◡ ◡ – | ◡ – ◡ ◡ – | ... Rhythmus der «Mitte». Der Mensch bestimmt (schafft) ihn selbst. Freier Rhythmus. Äußerlich betrachtet ist er aus dem ersten und zweiten Rhythmus zusammengesetzt.

Jede gymnastische Übung mündet in eine Richtung aus.

Dieser der anthroposophischen Menschenanschauung überall entsprechende Charakter der Übungen, in denen sich auch das Ich in seiner alles durchdringenden Bedeutung bis zum starken physischen Ausdruck durchzusetzen vermag, verbürgt mir die Richtigkeit dieser Übungen.

Ich glaube, hier sogar aussprechen zu dürfen, daß sich in dieser Gymnastik bedeutsame Tatsachen der menschheitlichen Evolution spiegeln. Dies läßt sich zunächst nur andeuten.

Die Übungen werden von Knaben und Mädchen gemeinsam geübt, mit gewissen Variationen, so daß sie für die Knaben sich stärker im Willenshaften, für die Mädchen im Rhythmischen bewegen.

Das Streben, verschiedenartige Übungen von Knaben und Mädchen gleichzeitig in einer räumlichen Gruppe ausführen zu lassen, hat bestimmte Formen dieser Gruppen in Anordnung und Bewegung gefordert. Hierbei ergaben sich

Formen, die dem Wesen der einzelnen Übungen so nahe zu stehen scheinen, daß ich auch sie zu dem Ganzen dieser Gymnastik zählen muß.

Auf die in Dornach im Sommer 1925 beim Sprachkurs für Schauspieler nach den Angaben Dr. Rudolf Steiners entstandenen und betriebenen Übungen im Sinne der griechischen Gymnastik sei hier nur hingewiesen. Sie sind bisher pädagogisch nur in beschränktem Umfang angewendet worden.

Diese Arbeit vermag nicht mehr als die Grundlagen für das Verständnis einer neuen Art von Gymnastik zu geben. Die einzelnen Übungen sprechen dann für sich selbst. Auch ihre pädagogische Anwendung geht unmittelbar aus dem Anschauen hervor. Ich glaube, daß sie auch heilpädagogisch anwendbar sind, nämlich aus der Voraussetzung heraus, daß eine geistige Realität hinter ihnen steht.

Diese Frage konnte ich an Dr. Rudolf Steiner nicht mehr stellen, da ich ihm auch die Übungen nicht mehr zeigen konnte.

Diese Frage aber nun doch zu stellen, ist für mich die Bedeutung dieser Arbeit.

Einleitende Ausführungen zu einer gymnastischen Demonstration

1927

Die Übungen der Kleinen, wie Sie sie hier gesehen haben, haben sich ganz natürlich aus dem Reigen entwickelt. Ungewollt kam dabei auch dieses «Ich-und-Du»-Spiel herein, das ja auch in der Eurythmie, wenn auch in anderer Form, gegeben ist. Die Gymnastik muß ja an die Eurythmie anknüpfen, schon insofern als die Kinder im ersten und zweiten Schuljahr nur Eurythmie treiben und erst im dritten Schuljahr in das Turnen kommen. Die Kleinsten, die Sie gesehen haben, standen im ersten Jahr ihres Turnens. Auch in der Gymnastik oder Turnen, wenn wir es im weiteren Sinne nehmen, verlangt die Phantasie der Kinder eine gewisse Nahrung. Körperbewegung allein befriedigt sie in diesem Alter nicht. Das ändert sich dann langsam in dem Maße, als mit der herannahenden physiologischen Reife sich in dem Kinde der Knochenmensch meldet. Nicht mit Geigenton, wie Frl. Dr. Heydebrand[7] es vorgestern abend sagte, sondern mit Trommelwirbel und Beckenschlag wird er sich heute vor Ihnen repräsentieren, und ich hoffe, es wird ihm verziehen sein. Es ist das Alter, in dem die Wege der Kinder scheinbar auseinandergehen. Vom Mädchen reißt sich stolz der Knabe. Das Ich und Du, das Paradies der Kindheit ist zu Ende. Das Wir in dem höheren sozialen Sinne ist noch nicht in dem Kinde erwacht, aber es kündigt sich schon an. Und mit diesem Wir kann man die Kinder in die eigentliche Gymnastik langsam einführen, auf dem Wege etwa, wie Sie ihn jetzt ja zum Schlusse, bei der Übung der letzten Klasse, es war eine 8. Klasse, also 14jährige Kinder, gesehen haben. Die Gemeinschaft, das Gefühl der Zusammengehörigkeit, das Aufeinander-Angewiesensein trägt das einzelne Kind. Auf sich selbst gestellt vermag es noch wenig. Trotzdem muß auch dieses Aufsichselbstgestelltsein des Ich frühzeitig angebahnt werden bei den Kindern. Wie das etwa geschehen soll, das haben Sie vielleicht aus den Übungen der ganz Kleinen entnommen.

Nun stehen wir vor der obersten Stufe der Schule, der 11. und 12. Klasse. Erst in diesem Alter kann eigentlich der Mensch ganz das Wesen der Gymnastik erfassen, denn sie wendet sich an sein Ich. Über die Brücke des menschlichen Leibes sucht das Ich den Raum, das geistige Kräftewesen des Raumes zu erfassen.

Der Mensch, der auf der Erde aufrecht steht, ist der Schauplatz eines Kampfes; eines Kampfes zwischen der Schwere, die ihn zu Boden ziehen will, und der Aufrichtekraft, in der das Ich wirkt, das die Schwere überwinden will. Der Mensch löse sich einmal einen Augenblick aus dieser Kraft.

Er schlägt zu Boden; er wird, man könnte beinahe sagen, ein Ungeheuer. Er bleibt nicht mehr Mensch. Nur aus der gesammelten Willenskraft heraus vermag er sich wieder emporzuraffen und wieder nach der Hand der Gottheit zu greifen, die er losgelassen hat.

7 S. Der Lehrerkreis ... Stuttgart 1979

Lasten in der Bewegung. Nach dem Boden zustreben in der Bewegung nach rückwärts. Das sind die zwei Pole, zwischen denen sich die Übung hält. Raumlosigkeit, die in der Gebundenheit des Schrittes ihren stärksten Ausdruck findet, ist die allgemeine Signatur dieser Bewegung. Der Mensch hat noch keinen Platz in ihr.

Lasten und Streben, sagte ich; das andere Gesicht dieser Bewegung ist: Lasten und Stützen (dieselbe Bewegung nach rückwärts). Auch in ihr ist noch nicht Raum, noch kein Raum für den Menschen, in dem er sich entfalten kann. Er ist Löwe im Sprung. Er ist Stier in dem Widerstandsuchen auf der Erde. Ein Schritt weiter: Die Schwere soll nun nicht in dem Maße an ihm wirken wie bei der vorigen Übung. Sie sehen, er hat der Schwere schon etwas entgegenzusetzen. Nun tritt der Mensch in die Übung herein. Er öffnet sich dem Raum.

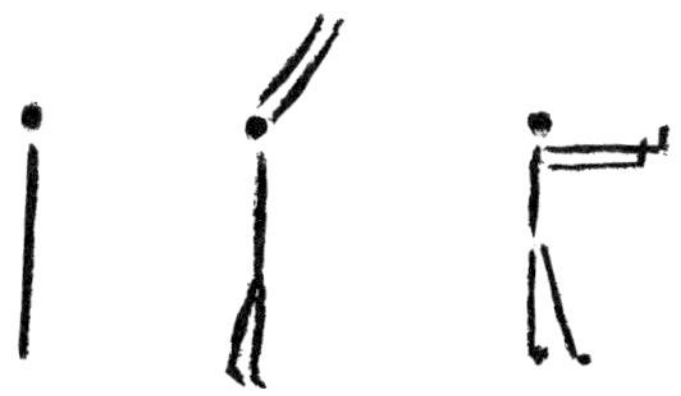

Immer noch ist der Schritt gebunden, aber die Starrheit, die er ursprünglich hatte, löst sich langsam. Es tut sich gewissermaßen vor dem Menschen eine neue Dimension auf: «vorwärts».

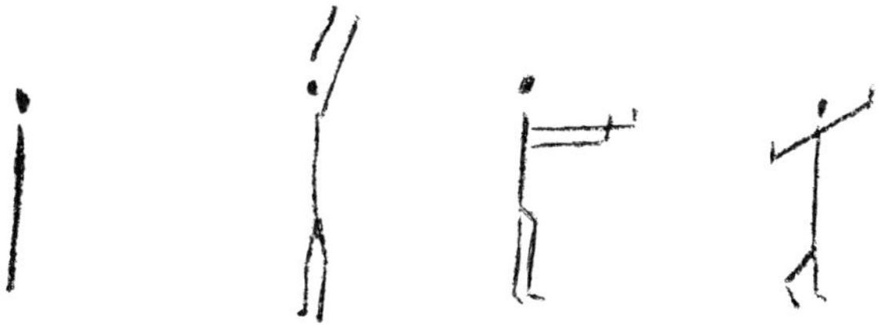

Der Mensch vertraut sich nun ganz dem Raume an, gibt sich ganz dem Raume hin.

Hingabe an den Raum. Widerstand suchen auf der Erde. Raumöffnen. Immer noch nicht ist der Schritt frei geworden, immer noch haftet er.

Wenn ich das vorhin gebrauchte Bild fortführen will, so könnte man sagen: Löwe im Sprung, Adler in der Hingabe an den Raum, Stier im Widerstand suchen auf der Erde, Mensch im Gleichgewicht dieser Kräfte im Schreiten. Nun tritt der Mensch in den Raum.

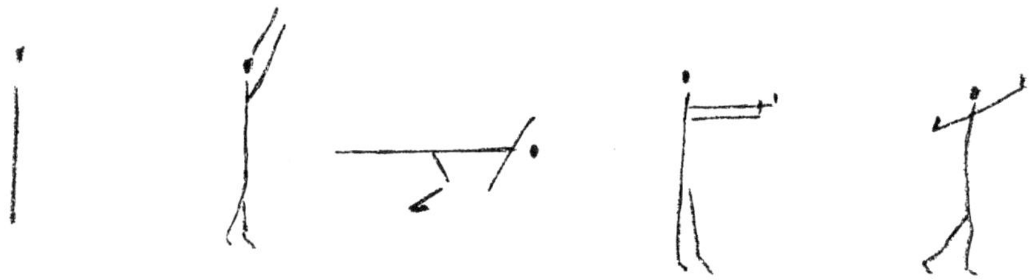

Er schreitet durch den Raum vorwärts. Der Schritt löst sich vollkommen aus seiner ursprünglichen Gebundenheit. Aber er kämpft sich noch durch den Raum, er muß sich Raum schaffen. Er ahnt seine Freiheit, indem er sich von der Stelle im Schreiten loszulösen vermag.

Er sucht weiter. Er sucht die Grenze des Raumes zu durchbrechen, nach der Höhe, nach vorwärts, nach der Breite. In der Überstreckung nach oben gewissermaßen entreißt er sich wieder dem Fall, in den er geführt wurde.

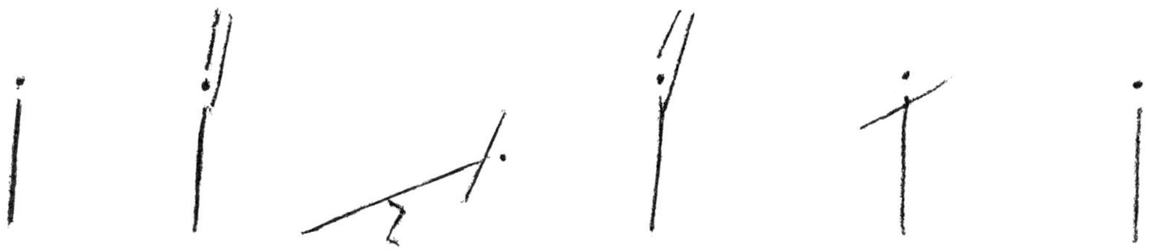

Er überwindet diesen Fall, indem er sich in der Überstreckung nach oben wieder dem Rhythmus zuwendet. Er findet ihn in der Umkehr.

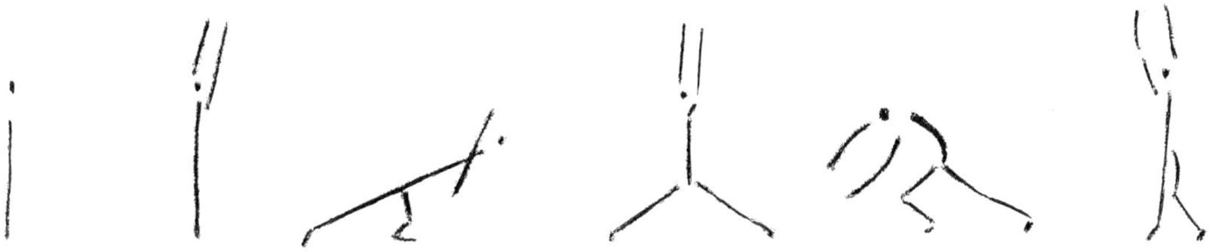

Er geht weiter. Er versucht, den Raum aufzulösen, ihn zu zertrümmern. Er tobt im Raum. Er sucht den Raum in Rhythmen aufzulösen.

Nach oben findet er seine Grenze. Er erhebt sein Haupt aus der Bewegung. Er sucht nach dem freien Blick, im Streben nach der Höhe wölbt er eine Sphäre über sich. Hier bescheidet er sich. Nun hat er die Grenze seiner Körperlichkeit im Raume gefunden. Er vermochte ihn nicht zu zertrümmern. Auch nicht ihn in Rhythmen aufzulösen. So sucht er nun, ihn neu zusammenzufassen, zusammenzufassen in sich selbst in neuen Rhythmen.

Das bewußte Denken ist mit dem Erheben des Hauptes im Menschen erwacht. Der Kopf, bisher der Bewegung des Körpers untertan, erhebt sich nun über die Bewegung. Der freie Blick des Menschen, der sichere freie Blick des Menschen führt nun die Bewegung in seine Höhe. Es tritt nun damit ein vollkommen neuer Charakter der Übungen auf.

Wiederum schreitet der Mensch durch den Raum. Nun nicht mehr kämpfend, Raum schaffend, sondern den Raum in sich zum Erklingen bringen, den Raum überwindend. Gerichtet nach Höhe und Weite kehrt er wieder zurück zu seiner aufrechten Haltung. Hier sind wir wieder an dem Punkt, von dem wir heute ausgegangen waren.

Gymnastik und Turnen

1927

Der Unterricht beginnt im 9. Lebensjahr. In den unteren Klassen steht das Turnen an Geräten im Vordergrund der Arbeit. Das Kind erlebt sich am stärksten in seinen Gliedmaßen, in seinem noch mehr oder minder chaotischen Willen. Dieser fängt sich an den äußeren Hindernissen und Schwierigkeiten, die dem Kind in Gestalt der Geräte entgegentreten. Es lernt seine Kräfte zügeln, oder im Wetteifer mit den andern anspornen. In diesem Alter, in dem die Instinkte im Kind noch verhältnismäßig stark sind – und auch noch sein Nachahmungsvermögen –, kann es seine Geschicklichkeit noch wesentlich steigern. Mut, Selbstvertrauen, Entschlußkraft lassen sich im Volksschulalter noch am leichtesten wecken. Routine soll vermieden werden. Die Kinder werden nicht zu besonderen Leistungen an einzelnen Geräten herangebildet, sondern möglichst oft vor neue Aufgaben gestellt, die einen neuen Entschluß und andersgearteten Einsatz der Kräfte bedingen; die Entwicklung der moralischen Haltung wird so gefördert.

In den oberen Klassen wird großer Nachdruck auf die gymnastische Ausbildung gelegt; sie hat die Aufgabe, an Stelle des mehr instinktiven Einsatzes der Kräfte bewußtes Erfassen des Körpers treten zu lassen. Sie geht dabei nicht von anatomisch-physiologischen Gesichtspunkten aus, sondern sucht jede Bewegung aus dem ganzen Menschen entstehen zu lassen; dadurch wird von selbst einem mechanischen Üben vorgebeugt. Das Kind erlebt die einzelne Übung zuerst als Ganzes, mit dem es sich aus allen Kräften von Leib, Seele und Geist verbinden kann. Im fortschreitenden Üben und mit zunehmender Reife seines Wesens, insbesondere seines immer mehr erwachenden Bewußtseins, vermag es die einzelne Übung immer tiefer zu durchdringen und auf diesem Wege, im engen Anschluß an die in der Schule gelehrte Menschenkunde, wesentliche Einblicke in das körperliche Sein und Werden des Menschen zu gewinnen. Der Raum mit den Kräften, die in seinen verschiedenen Richtungen, im Aufwärts, Vorwärts, Rückwärts, Seitwärts, leben; die sich spiegeln in dem, was die geometrischen Formen von Kreis und Gerader, von Winkel und Kurve sind; die ihr Gleichgewicht finden in Waage- und Senkrechter – das ist das Element der Gymnastik. Der Raum selbst, wenn sich der Mensch übend in starken Willens- und Bewußtseinsanspannung mit ihm verbindet, liefert die dem Menschen entsprechenden, d. h. gesunden Bewegungen. Ist doch der menschliche Körper selbst die größte Offenbarung des Wirkens der Raumeskräfte allerdings nicht für das abstrakte, sondern für das von schöpferischem Willen getragene, d. h. künstlerische Denken.

Wie der ganze übrige Unterricht der Waldorfschule gerade durch Betonung des Künstlerischen strebt, die Kinder zu innerem Gleichgewicht ihrer Kräfte und dadurch zu gesunden Menschen zu erziehen, so strebt das Turnen, und vor allem die Gymnastik, an, dies Gleichmaß der Kräfte auch im Körperlichen zu schaffen. Wertung der absoluten Leistung auch auf dem Gebiet der körperlichen Ausbildung tritt also zurück vor dem, was sich in ihr als das Wesen des Kindes offenbart. Darum findet auch vom Spiel und Sport nur das an der Waldorfschule Eingang, was diesen Zielen nicht widerstrebt. Für gesunden Wetteifer bleibt Raum genug.

Sehr günstig wirkt sich in dieser Hinsicht auch das gemeinsame Turnen von Mädchen und Knaben aus; insbesondere die Gymnastik wird dadurch belebt, daß die dem männlichen und weiblichen Charakter bis in die musikalische Begleitung hinein verschiedenen Übungen der 13–14jährigen wieder zu höherer Einheit zusammengefaßt werden können. Von Bedeutung für die gymnastische Ausbildung an der Waldorfschule ist die Tatsache, daß die Kinder in gleichem Maß auch eurythmischen Unterricht empfangen. Erst hierdurch wird auch die körperliche Erziehung eine Ganzheit. Während die Eurythmie den seelischen Kräften des Kindes zu wahrem Ausdruck im Körperlichen verhilft und dadurch lösend und heilend auch auf das rein Physische wirkt, erstarkt in der Gymnastik das Ich, indem es aus Kräften des Bewußtseins und Willens sich die Herrschaft über seinen Körper erringt und ihn zum selbstlosen Werkzeug seiner geistigen Ziele macht.

Entwurf für den Abschluß einer gymnastischen Demonstration in Essen

1928

«Wahre Menschenerkenntnis muß den Menschen nach Leib, Seele und Geist erforschen. Denn der Menschenleib ist ein Werk des Geistes, eine Offenbarung der Seele. Will der Erzieher den Leib bilden, so muß er sich an die Kräfte des Geistes wenden, um fortzusetzen, was dieser aus dem vorirdischen Leben an Bildekräften hereinschickt und im Irdischen noch fortwirken läßt. Körperliche Erziehung nur durch Einfluß auf den Körper leisten zu wollen, wäre ein Unding ...» (Rudolf Steiner)

(Es folgen die Übungen)
Abschluß:

Übung: Tragen der Vertikalen, der Aufrechten durch den Raum. Nicht mehr Raumesgeschöpf, sondern Raumschaffer. Das vermögen wir kraft unseres Bewußtseins, das ist unsere lebendige Geometrie, die uns das beseligende Gefühl der menschlichen Kraft und Freiheit bis ins Physische zu geben vermag.

Übung: Drei Kreise.

Zu diesen beiden Übungen möchte ich im einzelnen nichts sagen. Wir sehen das langsam zur Ruhekommen der äußeren Bewegung, ein Abklingen, das nun abgelöst sein möchte von einem inneren Klingen, Leuchten des Menschen, des vom Räumlichen ins Zeitliche sich erhebenden Menschen.

Einfacher noch als sie begonnen, endet diese Übungsreihe. Scheinbar. Kraft nach innen genommen. Samenkorn, in dem der Baum ist.

Wie fern wir von diesem Ziel noch sind wissen wir selbst; aber jeder Schritt auf diesem Weg gibt uns die Gewißheit dieses Zieles mehr.

Es ist der Weg zu dem ewigen Bild des Menschen, zum geistigen Wesen des Menschen, das uns Rudolf Steiner gezeichnet hat, in das der Lehrer die Raumesgestalt des Raumeswesens des Schülers hineinzubilden hat. Unsere Zeit hat das Menschenbild verloren. Aller Scharfsinn des Intellektes vermag es nicht wieder herzustellen; er schafft nur die ungeheuerlichsten Verzerrungen.

Wir danken es Rudolf Steiner, daß er das wahre Bild des Menschen jedem nach geistiger Erkenntnis Strebenden gerettet hat;

liebegetragenes Wollen war sein Weg zu uns,
liebegetragenes Wollen ist der Weg seiner Pädagogik,
liebegetragenes Wollen ist der Weg zu ihm.

Ansprache vor einer Aufführung

1928

Voll Bewunderung stehen wir noch heute vor den Resten der Tempel aus der Blütezeit griechischer Baukunst. Himmel und Erde scheinen sich in ihnen aufs innerste zu berühren, Geist und Materie, Freiheit und Gesetzmäßigkeit in höchster Vollkommenheit zu durchdringen.

Aber das Innere des Tempels, in dem der Gott noch wohnte, erschloß sich nur dem Priester, dem Eingeweihten. Raum in sich hatte er noch nicht, sein Raum war die Welt, in der er stand.

Anders war es in der christlichen Baukunst. Sie führte den Menschen in die Raumfülle ihrer Dome, mit unerhörter Kraft wölbte sie und lichtete sie ihre Hallen, in dem feinen Spitzengewebe gotischer Kunst löste sie den Raum auf beinahe bis zur Illusion.

Hier entglitt dem Menschen der Raum, der Mensch entfiel dem Raum. Hatte der Mensch bis dahin in engster Verbindung mit den geistigen Kräften des Raumes gelebt und aus ihnen geschaffen und gestaltet, so gab ihm das nun heraufkommende naturwissenschaftliche Zeitalter statt dessen Raumbegriffe, die ihn dahin führten, wo wir heute stehen.

Der Kopf ist kein Organ für die geistigen, schaffenden Kräfte des Raumes. In den Gliedern, die ja noch das letzte Stück Weltenarchitektur – wenn sie auch in ihnen schon verstümmelt ist – sind, in dem Spiel ihrer Kräfte können wir der Realität des Raumes wieder uns nahen. Nicht aus anatomisch-physiologisch-physikalischen Erwägungen oder in mehr oder minder ekstatischer Gefühlsseligkeit, sondern in ich-bewußter und ich-gewollter, sich selbst entäußernder Hingabe an den Raum.

Den Raum wollen wir wieder gewinnen, den keine Technik – und trüge sie uns bis zum Mond – uns geben kann; der Raum selbst soll unser Führer sein.

Schritt für Schritt wollen wir Ihnen heute den Weg zeigen, an dessen Anfang wir stehen. Zuerst sollen Sie sehen, wie wir unser Rüstzeug für den Bau erarbeiten und schmieden, wie wir die Elemente zusammenfügen, daß der Bau fest, weit und hoch werde, dann wie wir ihn gründen, richten und firsten wollen, jeder der Baumeister seiner selbst, aus der inneren Freiheit und der äußeren Gesetzmäßigkeit heraus, ein neuer Kräfteleib, der dem alten, verkannten und mißhandelten Instrument unseres Leibes zu neuem Leben helfen soll.

Gymnastik-Demonstration

London 1928

Hier in England hat Rudolf Steiner vor fünf Jahren in einer pädagogischen Vortragsreihe auch das Wesen der griechischen Gymnastik geschildert. (Gegenwärt. Geistesleben u. Erziehung. Ilkley 5.–12. 8. 1923. 14 Vorträge GA 307.) Die Gymnastik war, so sagte er, eine Totalsprache innerhalb des Griechentums. Der Erzieher im griechischen Volk war der Gymnast. Er konnte den menschlichen Organismus handhaben von dem aus, was man als das göttliche Walten und Wirken in der Welt, im Kosmos, ansah; er trainierte den Körper und erreichte damit zugleich das Seelische und Geistige bis zu der Höhe der griechischen Kultur und Zivilisation.

Wie sieht es in unserer Zeit aus, die im Leistungssport in sinnentleerter Weise Rekorde auf Rekorde türmt und schon der Säugling Gymnastik treiben muß! Als ob es für das kleine Kind eine bessere Gymnastik gäbe, als auf Vaters Knien in ferne Länder zu reiten, seine Arme bittend zur Mutter emporzustrecken oder nach dem rotbackigen Apfel zu greifen, mit Hund und Katze zu spielen oder auch schreiend und strampelnd im Bettchen zu liegen! Unser Herz fühlt: das ist göttliche Gymnastik.

Rudolf Steiner nannte die griechische Gymnastik eine Totalsprache innerhalb des Griechentums und meinte, daß die fünf Grundübungen: Laufen, Springen, Ringen, Diskus- und Speerwerfen noch den Verhältnissen des Kosmos angepaßt und eine Offenbarung des Menschenwesens waren.

In der Freien Waldorfschule in Stuttgart haben wir nun versucht, in Anknüpfung an die Erkenntnisse und Hinweise Rudolf Steiners eine Gymnastik zu entwickeln, in der Körperübungen auf der Höhe des modernen Bewußtseins erneut der Menschenbildung dienen können.

Dafür Raum in uns zu schaffen, ist Aufgabe unserer Zeit. In dieser Umwandlung des Raumes und der Raumbegriffe, an der Erlösung und Auferstehung des Raumes im Tempel des menschlichen Leibes mitzuwirken, betrachte ich als die Aufgabe der Gymnastik in unserer Zeit. (Demonstration der Gymnastik.)

Gymnastik der mittleren und unteren Stufe

1929

Sehr verehrte Anwesende!

Es ist Ihnen im Verlaufe dieser Tagung das Bild des werdenden Menschen, des Kindes, von den verschiedensten Seiten geschildert worden, so wie es uns Dr. Steiner immer wieder in unermüdlicher Sorge vor die Seele gerückt hat. Des Kindes, wie es als geistig-seelisches Wesen aus einem vorirdischen Dasein heruntergestiegen ist auf die Erde und sich nun, Schritt für Schritt, die leibliche Hülle erobert und damit auch die Fähigkeit, als ganzer Mensch in der Welt zu stehen und sich selber den Weg zu seinem Ziel zu bahnen. Die Aufgabe des Lehrers, des Erziehers, ist es, dem Kinde auf diesem Wege zu helfen.

Rufen Sie bitte noch einmal mit aller Lebendigkeit, ich möchte sagen mit aller Wärme, das Bild des ganz kleinen Kindes vor Ihre Seele, etwa wie es in seinem Bettchen liegt und strampelt, wie es seine kleinen Hände Ihnen entgegenstreckt und in Ihre großen Hände liegt, wie es Sie fest und forschend mit seinen Augen anschaut, wie es andächtig dem Tone Ihrer Stimme lauscht. Vergegenwärtigen

Sie sich auch einmal, wie so ein kleines Kinderfäustchen Ihre Finger umklammert und Sie nun mit großer Kraft zu sich heranziehen will. Alle diese Lebensäußerungen, diese Kräfte, die Sie da erleben, die ihre Stätte haben in diesem kleinen Körper, der da vor Ihnen ist, - kommen sie nicht noch wie aus Weltenfernen zu uns? Und kann es nicht jeden Erwachsenen, jeden Lehrer und Erzieher mit einer heiligen Scheu erfüllen, nun diese kleinen Wesen in die Erdenkräfte hereinzuführen?

Rudolf Steiner empfahl, wie Sie ja gehört haben, schon für das 3. und 4. Lebensjahr des Kindes die Eurythmie. Auch die Eurythmie ist ja ein Kind der geistigen Welt. Sie ist da zu Hause, wo das Märchen zu Hause ist, wo Farbe und Ton zu Hause sind, die ja in den ersten Kinderjahren, abgesehen von dem Vorbild der Erwachsenen, die besten Erzieher des Kindes sind. Es ist nicht leicht, den Zeitpunkt zu nennen, an dem es eigentlich erlaubt ist, diese kleinen Wesen nun turnend mit beiden Beinen auf den Boden zu stellen. Das Erdenkind, das richtige, der Choleriker, verlangt ja schon sehr früh danach. Für die allermeisten Kinder genügt jedoch die Eurythmie vollauf noch bis in die ersten Schuljahre herein. Rudolf Steiner dachte einmal daran, das Turnen auf die ganze Schulzeit auszudehnen. Und nur Mangel an Raum, Zeit und Lehrkräften bewogen ihn, davon abzusehen und als frühesten Zeitpunkt für das Turnen das dritte Schuljahr zu bestimmen. Die Erfahrung hat dem auch im allgemeinen Recht gegeben. Wenigstens, so muß man da ja immer sagen, für den Durchschnitt der Kinder; denn eine Klasse vereinigt ja die veschiedensten Individualitäten in sich. Die Kinder greifen im Durchschnitt und im allgemeinen mit aller Begeisterung nach dem Turnen am Gerät; ganz besonders dann, wenn dieses Turnen im Sinne Rudolf Steiners sich mehr als eine Art von freiem Spiel an den Geräten auswirkt. Allerdings kommt eine solche Turnstunde dabei nicht weit über das Stadium eines Ameisenhaufens hinaus. Trotzdem ist es erstaunlich, wie sehr die Kinder sich auch in einem solchen Turnen gegenseitig anfeuern und es zu recht erfreulichen Leistungen bringen; allerdings unter einem oft markerschütternden Geschrei, das aber als ein Ausdruck des körperlichen Wohlbehagens hier vielleicht doch berechtigt ist.

Ungleich schwieriger ist es, das Kind gymnastisch, d.h. ohne Turngeräte, in den Raum zu stellen. Denn erstens erfordert das eine gewisse Ordnung; es erfordert auch ein gewisses Maß von Ruhe. Schon deswegen ist es weniger beliebt.

Andererseits entdeckt der Lehrer, wie schwer, wie ungern sich diese kleinen Ärmchen und Glieder noch in den Raum hineinstellen. Sie wollen vom Raum eigentlich nichts wissen. In der Eurythmie wandelte das Kind ja gewissermaßen noch im Laut und im Ton ganz erdenfern. Und es ist für den Gymnastiklehrer schon eine schwere Frage: Wie soll ich nun eigentlich diesen kleinen Flügelchen beikommen? Rudolf Steiner hat wohl im großen Zusammenhang über das Wesen der Gymnastik gesprochen. Er hat ganz besonders sich auch über das Wesen der griechischen Gymnastik als Inbegriff aller Gymnastik ausgesprochen. Zu der heutigen Gymnastik hat er sich nicht besonders geäußert. Er hat für die Gymnastik auch nicht, wie für die Eurythmie, bestimmte Übungen gegeben. Er hat den Lehrern vollständig freie Hand gelassen. So schön das ist, so schwer ist diese Aufgabe natürlich auch; denn diese Gymnastik muß sich in den ganzen Bau der neuen Pädagogik einordnen, sie darf darin kein Fremdkörper bleiben. Wie das Ganze muß die Gymnastik aus denselben Quellen geschöpft werden und zu den gleichen Zielen führen.

Fräulein Dr. von Heydebrand erinnerte an Rudolf Steiners Wort «von der göttlichen Gymnastik». Damit war das göttliche Kräftewalten im Kinderkörper gemeint. Jene Kräfte, welche das Kind aus seinem vorirdischen Leben mitbringt und mit denen es bis zum Zahnwechsel elementar lebt. In der Erziehung muß der Mensch diese göttliche Gymnastik fortsetzen.

Über die Säuglingsgymnastik brauchen wir nicht besonders zu sprechen. Jeder, der ein fühlendes Herz für das Kind hat oder aus anthroposophischer Menschenerkenntnis etwas vom Wesen des Kindes weiß, der kann diese Gymnastik mit Säuglingen nicht gutheißen.

Heute soll uns hier beschäftigen, wie der Gymnastikunterricht in der Lage sein kann, diese göttliche Gymnastik fortzusetzen. Was Sie heute hier sehen werden, ist ein konsequenter Versuch, einen Weg hierfür zu finden. Ich möchte dem, was Sie jetzt sehen werden, das Eine vorausschicken: Bitte, versuchen Sie einmal, in dem Aufbau, der sich aus dem Zusammenwirken der einzelnen Klassen ergibt, zu bemerken, wie sich bestimmte Übungen stufenweise wiederholen; wie sie aber jedesmal eigentlich wieder etwas vollkommen anderes für den Menschen, für das Kind bedeuten. Zuerst werden die kleinsten Schüler der dritten Klasse, die jetzt ihr erstes Jahr Turnen hinter sich haben, Ihnen etwas «erzählen» davon, wie sie ihr Haus gebaut haben, wie sie es umgeben haben mit einer starken Mauer, wie sie hineingeordnet haben Säulen und Gebälk, wie sie dann eingezogen sind in dieses Haus und nun die Fenster weit öffnen in die Welt, um draußen zu finden das Du und sich selbst auch als das Ich, am liebsten noch vereint beides in dem Wir. Die Kleinsten leben ja noch sehr stark im Märchenland. Obwohl sie natürlich der eigentlichen göttlichen Gymnastik schon entrückt sind, haftet ihnen doch noch etwas an von dem Märchenland, wo sich die erdenhafte Märchenhaftigkeit in Bilderwahrheit aufzulösen bereit ist. Und in diesem Alter kann man natürlich den Leib des Kindes nur erfassen von der Seele aus.

Der nächste Schritt des Kindes auf diesem Wege ist, daß es sich nun fest mit beiden Beinen auf den Boden stellen, hinaustreten will in die Welt, daß es seine eigenen Kräfte erproben und selber anfangen will, sich einen Weg zu bahnen. Die Menschenkunde in der vierten Klasse führt das Kind schon einen großen Schritt aus dem Märchenland hinaus in die Wirklichkeit. Und Sie werden dann hören von den Kleinen der 4. Klasse: «Ich stehe, ich gehe, ich laufe, was ich kann! ich springe, ich springe!» In der sechsten Klasse, die dann folgt, werden Sie hören, wie Mädchen und Buben einander scharf begegnen: Mein Weg geht dahin! Deiner geht dort hin! Sie geben sich noch einmal die Hand: Gib mir die Hände! drehen uns im Kreis! nun hier zu Ende, Glück auf die Reis'! Dann geht es mit Trommelschlag und ziemlich langen Beinen.

Hier ist es nun aus mit den Geschichten! Die nächsten, die siebente Klasse, die 12- und 13jährigen, werden stumm vor Ihnen stehen und werden Arbeit leisten. Sie werden Ihnen eine Reihe einzelner Übungen zeigen, wie sie vom Leichten zum Schweren langsam fortschreiten. Diese einzelnen Übungen wecken das Bewußtsein in stärkerem Maße in dem Kinde als die reigenartigen Übungen, die die Phantasie ja noch stark in Anspruch nehmen. Es wäre nicht richtig, wollte man etwa erst um die Zeit der physiologischen Reife an das Bewußtsein der Kinder appellieren – wenn das auch natürlich die Grenze ist, wo das Bewußtsein intensiv auftritt. Wie die großen Entwicklungsabschnitte im Kinde sich langsam vorbereiten, so muß auch in der Methodik des Unterrichtens frühzeitig der Übergang von dem einen zum andern Abschnitt angebahnt werden. Dies kann bei den Kleineren zunächst noch unter stärkerer Betonung ihres eigentlichen Lebenselementes, des Rhythmischen-Musikalischen geschehen; es kann bei den Größeren, den 12–13jährigen, mehr von dem Geometrischen aus geschehen. Es ist ja das Alter, in dem das Raumbewußtsein in dem Menschen erwacht, wo das Kind auch schon anfängt, Geometrie und sogar Perspektive zu lernen. Dieser Weg über die Geometrie verlangt von dem Kind eben ein viel bewußteres Erfassen seiner eigenen Bewegungen. Es kann z.B. nun eine der Übungen so eingeführt werden: Durchschwingen durch den Kreis, Sprung in den Mittelpunkt des Kreises, das Schwingen der Waagerechten zur Senkrechten oder Aufrechten. Das kann das Thema einer solchen Übung sein. Dieselbe Übung könnte man auch anders den Kindern sagen. Z. B.: ein kleiner Funke, der hoch oben entspringt, herunterfliegt, der von unten auf den Körper erfaßt und nun hindurchschlägt zunächst bis an die Grenze der Waagerechten und dann in einer hellen Flamme über die Waagereche hinausloht. Das ist die gleiche Übung. Im einen Fall appelliert sie an die Phantasiekräfte des Kindes; im andern Fall an das denkende Bewußtsein.

Eine andere Übung: Sprung in das Dreieck; Herunterschwingen der Spitze zur Grundlinie; Erfassen der Grundlinie; Hinauftragen der Grundlinie zur Höhe, so daß, wie mir einmal ein Kind aus der 6. Klasse ganz ungefragt zurief, eine Art von Spiegelung entsteht: Sprung des Dreiecks auf die Spitze; Schwingen der Grundlinie herunter zur Spitze. Also eine geometrische Metamorphose. Auf diesem Wege kommt also das Kind zum denkenden Erfassen einer Bewegung. Wir bringen es dazu, lebendige geometrische Anschauungen in sich zu erwecken und zwar geschöpft aus der Weltengeometrie, die der Mensch ja in seinem physischen Leibe trägt, die herrührt von der göttlichen Gymnastik.

Sehen Sie, ich sprach gerade von der Übung mit dem Dreieck und sagte: Sprung in ein Dreieck. Ich kann mich auf zweierlei Art in das Dreieck stellen: so, daß ich die zwei Seiten zur Spitze, die Grundlinie spüre; aber auch so, daß ich die Ecken spüre, das spüre, was radial vom Mittelpunkt hineinstößt in die Ecke. Ich kann also meinen Standpunkt an die Peripherie, mein Bewußtsein dorthin verlegen; ich kann es auch im Zentrum halten und hinauswirken, fortwirken lassen zur Peripherie. Das ist schwerer für das Kind als für den Erwachsenen. Zweimal dieselben Bewegungen. Das greift schon ziemlich tief hinein in das Körperbewußtsein.

Nun tritt entwicklungsgemäß das Kind über die Schwelle zu derjenigen Gymnastik, die vom Geiste aus den Körper erfassen will, nicht vom Verstand aus, sondern von dem allumfassenden Geiste aus. Es ist das Alter, von dem ja kürzlich einmal gesagt worden ist, daß es sich ein Wissen von der ganzen Welt erwerben möchte. Es muß nun eigentlich jede gymnastische Übung bis zu einem gewissen Grade ein Beitrag sein zu diesem «Wissen von der ganzen Welt». Es lebt ja in jeder Bewegung, die wahrhaft menschlich ist im höchsten Sinne des Wortes ein Funke, der auch in der kleinsten Übung auf große Weiten hin Licht werfen kann. Und so kann man vielleicht auch von der Gymnastik auf dieser Stufe sagen, daß das Kind sich eine Einsicht erwirbt in die Welt; Einsicht in das geistig-körperliche Zusammengehören von Welt und Mensch. So können auch durch die Gymnastik Zweifel, die in diesem Alter häufig auftreten, besiegt und die Ehrfurcht vor dem menschlichen Leib, die heute verloren gegangen ist, auch für das spätere Leben gerettet werden. Die 10. Klasse bringt die Auseinandersetzung zwischen der Schwere, der mineralischen Natur und der Aufrichtekraft des Menschen. Die Dynamik der vier Elemente, die den Menschen bilden, wird sich in gewisser Weise in den Übungen aussprechen; das nach der Vertikalen flammende Element des Feuers, das nach der Weite schwingende Element der Luft, das nach dem Widerstand suchende Element der Erde, das in der Horizontalen sich ausbreitende Element des Wassers. In den folgenden Jahren wird der Weg dann fortgesetzt. Das letzte, was Gymnastik erreichen kann, ist: sich ein Ziel setzen und selbst zur Richtung auf dieses Ziel hin werden. Darin spricht sich das Wesen der Gymnastik in seiner reinsten Form aus. Es berührt damit die Gymnastik das Gebiet, in dem das Leibliche des Menschen sich bis zur äußersten Möglichkeit verbindet mit dem, was das Geistige ist und was als Geistiges vor allem in der Richtekraft des menschlichen Körpers lebt.

(Es folgt eine Demonstration der 10. Klasse.)

Wie kann Körperbildung Menschenbildung werden?

1930

Daß die Frage: Kann Körperbildung zur Menschenbildung führen? überhaupt so gestellt werden kann, ist charakteristisch für unsere Zeit. Ein alter Grieche wäre über sie höchst erstaunt gewesen; denn für ihn *war* Körperbildung zugleich Menschenbildung. Der eigentliche Erzieher war der Gymnast. Rudolf Steiner hat oft darauf hingewiesen, wie aus den Erfordernissen der Menschheitsentwicklung dieses Erzieherideal sich gewandelt hat, wie schon in der römischen Kultur mehr der Rhetor und im Aufgang des naturwissenschaftlichen Zeitalters der Doktor das Erzieherideal wurde. Aber dieser «Doktor» hat nun entdeckt, daß er den Gymnasten wieder braucht, wenn er den Träger der Gelehrsamkeit, den Menschen, gesund erhalten will.

So ist in unserer Zeit der Ruf nach Körperbildung wieder laut geworden und hat ein gewaltiges Echo gefunden, das den Rufer nun fast übertönen will. «Die ich rief, die Geister ...» Denn es zeigt sich, daß Körperbildung nicht ohne weiteres zur Menschenbildung wird, ja, daß sich eine bedenkliche Kluft auftut, in der ein Unwesen auf Opfer lauert. Mag es auf der einen Seite seine Ursache darin haben, daß der Begriff wahrer Menschenbildung ins Wanken geraten ist – dies wird sich Ihnen besser aus den Vorträgen meiner Kollegen beantworten[8] –, jedenfalls ist der Mensch heute mit seinem Körper zerfallen und sucht, fast verzweifelt, auf allen Wegen nach der Brücke, die ihn wieder in seine Behausung zurückführen kann.

Die fabelhaften, bewundernswerten Leistungen auf allen Gebieten körperlicher Übungen dürfen uns nicht darüber hinwegtäuschen. Wir sehen durch alle Statistiken hindurch, die uns von körperlicher Entwicklung der Kinder durch Sport und Turnen berichten, den Dämon grinsen, der doch seinen Tribut fordert. (Amerika, das uns auf dem Weg der körperlichen Erziehung am weitesten voraus zu sein scheint, ist auch auf dem Weg der Verwahrlosung der Jugend am weitesten voraus.) Und die großartigsten Namen, Stadien und Olympiaden bleiben doch nur eine Anleihe bei einem Volk, das seinem Körper noch nicht entfremdet war, weil der Geist in ihm eine Stätte hatte.

Wo die Naturwissenschaft in dem Menschen nur das Tier sieht oder den toten Mechanismus – denken Sie nur an das grauenhafte, aber hyperkluge Zerrbild des «Menschen als Industriepalast», wie man es vielfach ausgestellt sah –, wo diese naturwissenschaftliche Anschauung sogar den Weg in die Schule gefunden hat, da ist ja der weitere Weg klar vorgezeichnet. Das Tier lebt sich aus, der

8 Betrifft andere Lehrer des Stuttgarter Kollegiums, welche bei der Tagung in Kassel im März 1930 auch Vorträge hielten.

Mechanismus, die Maschine. Der Mensch, der das Tier in sich bändigt und den Mechanismus im Dienst einer sozialen Kultur überwindet, ist weit entfernt. Wie bringen wir ihn zurück? Wie kann Körperbildung Menschenbildung werden?

In der Stuttgarter Freien Waldorfschule suchen wir einen neuen Weg zur Körperbildung. Ein erster Schritt ist, in den körperlichen Übungen nicht vom Körper selbst auszugehen, sondern vom Raum. Höhe, Weite, Tiefe – Umkreis, Mittelpunkt – sind Wesenseigenschaften, Elemente des Raumes. Um mit dem Einfachsten anzufangen: Wenn ich statt: «Arme aufwärts heben» sage: «sich richten nach der Höhe»; statt: «Arme abwärts senken» – «durch die Weite zurückkehren zur Grundstellung» –, so habe ich mich als ganzer Mensch mit dem Wesen der Höhe und der Weite verbunden, mit dem Raum außer mir.

Wenn ich statt: «Arme aufwärts schwingen und Sprung in die Spreizstellung» sage: «Sprung ins Dreieck, Spitze oben Grundlinie unten» – und nun: «die Spitze schwingt sich herab zur Grundlinie, erfaßt die Grundlinie und trägt sie nach der Höhe», so bin ich im Raume, d. h. ich lebe in ganz bestimmten Kraftrichtungen und bin auch einmal in meinem Bewußtsein los von der Vorstellung «Arme und Beine», die ja doch nur Teile von mir und *als solche* nur reine Mechanismen sind. Oder: «Schwingen von der Höhe durch die Tiefe zur Weite – verschränken zum Mittelpunkt – hindurchschwingen durch den Umkreis – zurückkehren von der Tiefe zur Höhe».

Vielleicht hören Sie auch jetzt schon durch das von den Übungen Gesagte hindurch, daß es mehr ist als reine Bewegung; denn wir haben gelernt, Höhe, Tiefe, Weite auch auf das moralische Wesen des Menschen zu beziehen. So falsch ich es fände, eine Art moralischer – im Gegensatz zu körperlicher Gymnastik zu treiben, so wichtig scheint es mir, diese Seite der Übungen, da wo es sachlich berechtigt ist, anklingen zu lassen. Ob sie mitgehört wird, überlasse ich der Freiheit meiner Schüler.

Rudolf Steiner hat uns gelehrt, im Menschen die dreigliedrige Natur auch seines Körpers zu erkennen. Alle drei Bereiche wirken durch- und ineinander, wie das Denken, Fühlen und Wollen im Menschen. Eine richtige, eben wirklich menschliche Gymnastik muß sich immer an diese dreifache Natur des Menschen wenden; durch den Willen an den Gliedmaßenmenschen, durch den Rhythmus an den Brustmenschen, durch den Sinn an den Kopfmenschen, kann aber natürlich bald die eine, bald die andere Seite stärker betonen. Wo diese drei befriedigt, d. h. einig sind, da spricht sich die Wahrheit einer Übung von selbst aus.

Beobachtenswert ist auch, wie der Gliedmaßen-Willensmensch, so sehr er im Raume tobt, am wenigsten Verbindung, Anschluß an den Raum hat; wie der Kopfmensch vermöge seiner Sinnesorganisation sich diesem Raum am stärksten verbindet. Wie der mittlere Mensch, der rhythmische, bald sich dem Raum hingibt, bald sich von im zurückzieht (es erfolgt die Demonstration der Übungen).

Wir haben dabei ja nur *einen* Bereich der Körperbildung, die reine Gymnastik, berührt. Aus dem gleichen Geiste ließe sich auch zu den anderen Gebieten sprechen. So hat Rudolf Steiner selbst in einem Kurs für Schauspieler auf die Bedeutung des griechischen Fünfkampfes hingewiesen und für das Wesen des Laufens, Springens, Ringens, Diskus- und Speerwerfens wesentliche Hinweise gegeben. Immer handelt es sich darum, loszukommen von der Beschränkung auf das Gewordene, den physisch erstarrenden Körper und vorzustoßen in das Reich des Werdenden, der Wirksamkeiten, zu den Gesetzmäßigkeiten, der schaffenden Kräfte.

Von der Körpergebundenheit zur Körperbildung, zur Freiheit, zur Menschenbildung in des Wortes lebendigstem, tiefstem Sinn.

Wir möchten die Richtlinien herausarbeiten für ein gymnastisches Üben, das den Menschen nicht nur ästhetisch oder hygienisch befriedigt, sondern ihm ein neues Bewußtsein von seinem Darinnenstehen in der Welt gibt. «Ich bin nicht nur ein kleiner Punkt in der großen Welt», darf er sich sagen, «sondern ich habe selbst in meinem physischen Leibe die Fähigkeit, nachschaffend Weltenkräfte, Weltenrhythmen zu erleben, die Kräfte eben, die meinem Leib Form und Leben gegeben haben». Denn jede unserer Übungen ist eine Art Menschwerdung aus dem Raume heraus. Gerade der junge Mensch, dem alles anfängt Problem zu werden, der plötzlich alle Fäden zerrissen fühlt, die ihn früher mit der ganzen Welt verbunden haben, kann darin Ausblicke auf neue Ziele, Kraft und Zutrauen zu sich selbst und der Welt finden. Sein Körper, der ihm diese Erkenntnisse vom Wesen des Menschen als Mikrokosmos vermittelt, kann ihm dadurch etwas Heiliges, wahrhaft Göttliches werden, ein Tor zu immer neuen Offenbarungen, die er in seinem Bewußtsein empfängt und denkend verarbeiten kann.

Knaben und Mädchen, Männer und Frauen ist dieser Weg in gleicher Weise offen; das gemeinsame Üben, wie wir es an der Waldorfschule pflegen, bedeutet eine wesentliche Bereicherung und Vertiefung der Arbeit. Sie haben ja an einem Beispiel gesehen, wie bestimmte Übungen sich variieren lassen für Knaben und Mädchen und wie sie, wieder zusammengefaßt, eine höhere Einheit ergeben.

Ich kenne viele der Einwände, die erhoben werden und ich kann sie in ihrer Spannweite charakterisieren, wenn ich Ihnen erzähle, daß mir kurz nacheinander die folgenden Urteile über diese Gymnastik ausgesprochen wurden: Sie sei preußischer als der preußische Drill – und: es käme darin das Wesen der Freiheit bis zum physischen-sichtbaren Ausdruck. Starke körperliche Spannung wird abgelöst durch Intensität des Bewußtseins, nicht durch Auslöschen; das entspricht der geistigen Entwicklungsstufe unserer Zeit.

Was ist gymnastisch richtig?

1930

Diese Frage stellt sich angesichts der vielen gymnastischen Systeme. Ist es nur Geschmackssache, welcher Richtung man sich anschließt; können eventuelle organische Schädigungen eintreten, oder kann es auch eine Gymnastik geben, die durch ein neues Menschenbild bestimmt ist? Die Grundhaltung des Menschen ist das aufrechte Stehen. Zwei Kraftrichtungen begegnen sich da in ihm: die von oben nach unten wirkende Schwerkraft, die ihn am Boden festhält und die Richtkraft nach der Höhe, die Aufrichtekraft. Sie sind in den Menschen verschieden stark ausgeprägt und liegen schon im stehenden Menschen im Kampf miteinander.

Der stehende Mensch ist ein Griff der Erde nach der *Höhe.* In der Breite der Schultern ist er nach der Peripherie der Erde, dem Umfassenden, der *Weite* gerichtet. Der nach vorne gerichtete Blick erfaßt die dritte Dimension, das *Ziel.* Nur in dieser einen der drei Dimensionen stößt das Ich in naturgegebener Art, nämlich mit dem Blick, über die Grenzen des Körpers in den Raum. In den beiden anderen Dimensionen nur, wenn das Ich die Kraft der Höhe, die Kraft der Weite entwickelt. Es ist die von innen nach außen stoßende Kraft, die immer dem Zug des Körperlichen entgegenwirkt. Es ist die sehnige Kraft, die im Speerwurf ihren reinsten und höchsten Ausdruck findet.

Nun kann der Mensch folgende Übung vollziehen:

Ich erhebe die Arme, nach vorne, in die Richtung des Blickes; führe sie, ohne im Körpergefühl die Richtung nach vorwärts zu verlieren, zur Seite und nehme dadurch zur Richtung vorwärts die Weite hinzu; ich erhebe die Arme, ohne die Richtung nach vorwärts und nach der Weite im Körpergefühl zu verlieren, in die Höhe und breite sie nun unter starkem, innerem Festhalten der drei anderen Dimensionen wieder nach der Weite – so daß in dieser nun auch noch die Höhe ist. Dann stehe ich, gerichtet nach der größten Höhe und der größten Weite, d. h. im Zeichen des Kreuzes, den Blick vorwärts gewendet. Es ist die extensivste Verbindung mit dem Raum. Gelingt es dem Übenden, durch große Anspannung des Willens den Körper dann aus dieser Form herauszulösen, die in die Form hineinwirkende Kraft des Willens und die Fülle des Bewußtseins aber weiter wirken zu lassen, so tritt er in die intensivste, übersinnliche Berührung mit dem Raum.

Hiermit ist schon das Höchste, Schwerste und Letzte der Gymnastik ausgesprochen. Hier mündet ihr Weg in den umfassenden Weg: «Wie erlangt man Erkenntnis der höheren Welten?»

Von ähnlichen Gesichtspunkten ausgehend, wie in der oben skizzierten Übung vermag der Gymnastik-Übende noch in vielen anderen Bewegungen den Raum zu erforschen. Er kann das Wesen des Unterschiedes zwischen Höhe und Tiefe an seinem Körper erleben, von Weite und Verschränkung, von Mittelpunkt und Umkreis, von Vorwärts und Rückwärts, von Radius und Peripherie, von Punkt, Gerader und Kurve, von Parallelen und Diagonalen. Verwandlung von Kreisen, Dreiecken usw. wird ihm lebendige, d.h. Gefühl-durchdrungene Anschauung. Freiheit und Gebundenheit, Leichtigkeit und Schwere werden sich in ihrer elementaren Dynamik offenbaren. Strecken, Überstreckung, und Fall und Sturz als deren Folgewirkung werden sich naturgemäß als räumliche Gesetze aussprechen.

Die hohe Bedeutung z. B. der Waagerechten – bis in ihre Gestaltung als Zeichen des Sternbildes der Waage – ergibt sich in den verschiedensten Zusammenhängen und rechtfertigt es, daß jede gymnastische Übung in ihr schließlich ihren Höhepunkt und Ausklang findet.

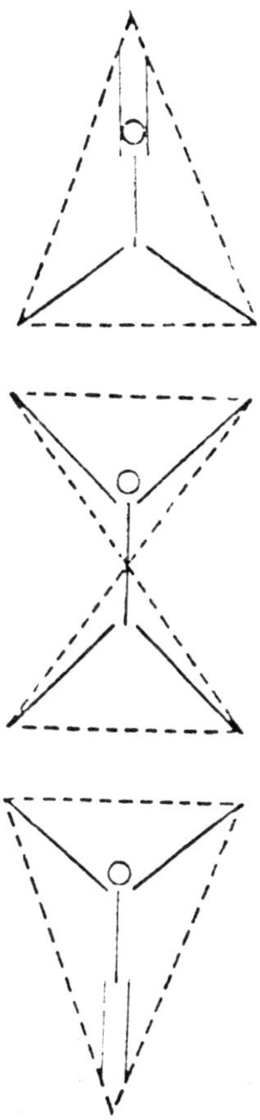

Eine große Hemmung auf diesem Weg des Übens gibt es: Das ist die «Anhänglichkeit» des Menschen an seinen Körper. Auch in der Gymnastik kann Selbstlosigkeit eine Tugend sein; hier bedeutet sie Hingabe des Körpers an den Raum.

Ein erster Schritt dazu kann das Erleben der Geometrie einer Bewegung sein – Formen in den Raum zeichnen, könnte man sagen.

Ein Beispiel:

a) Sprung ins Dreieck (Spitze oben, Basis unten),
b) Spitze schwingt sich zur Basis,
c) Spitze teilt sich und erfaßt die Basis,
d) die geteilte Spitze trägt die Basis nach oben (vorübergehend entstehen dadurch zwei Dreiecke),
e) das Dreieck springt auf eine neue Spitze (Basis oben, Spitze unten),
f) die neue Basis schwingt sich rückwärts abwärts zur Spitze
g) und richtet sich wieder auf.
h) Der Übende löst den Körper aus dem umgekehrten Dreieck heraus, richtet sich noch einmal nach der Höhe, trägt die Höhe in die Waagerechte und kehrt in die Grundstellung zurück.

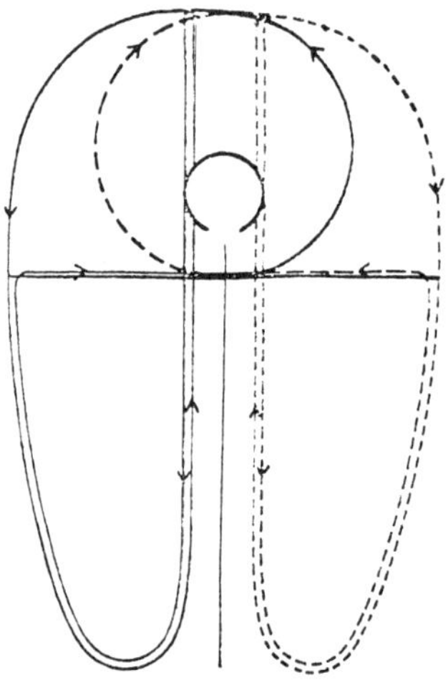

Oder:

1. Richtung nach der Höhe. Hindurchschwingen von der Höhe zur Tiefe und wieder Heraufschwingen nach der Waagerechten zur Weite.
2. Verschränkung der Waagerechten zum Mittelpunkt.
3. Hinausschwingen vom Mittelpunkt in den Umkreis und Hindurchschwingen durch den ganzen Umkreis von oben bis unten.
4. Wiederaufrichten von der Tiefe zur Höhe.

(Rhythmus von Atem und Blut).

So ist es möglich, ganz aus dem Raum heraus eine Bewegung zu erleben. Auf solche Weise kann aber auch eine Übung den Körper richten (ordnen), weil sie ganz vom Objektiven ausgeht.

Aber erst der *Rhythmus* ist diesen und allen gymnastischen Übungen der lebendige Atem. Eigenartig ist, daß jede der so gefundenen Übungen geradezu ihren Rhythmus fordert. Aus dem Rhythmus heraus lernen sie sich auch am leichtesten und besten, weil dadurch das vorstellungsmäßige Aneignen der Übung – die größte Hemmung – hintan gehalten wird.

Rhythmus und Übung sind hier eben ein untrennbares Ganzes. Gerade im Rhythmus offenbart sich viel vom Wesen der Übungen, z. B. in den Sprüngen. Wer es fertig bringt, diese Rhythmen bis ins kleinste hörend zu empfinden, ich möchte z. B. sagen: die Waagrechte zu «hören», der ist auf dem Weg zum realen Erleben des Raumes, des Raumes, aus dem wir unseren Körper empfangen haben und durch den Welten-Rhythmen tönend an unserem Leibe bauen.

Noch einmal sei die Frage gestellt: *Was ist gymnastisch richtig?* Die Ausführungen haben einen Weg gezeigt, wie man zu einem Objektiven in der Gymnastik kommen kann, einem Objektiven, das seine eigenen Rhythmen hat: objektive Bewegung und objektiver Rhythmus. Den Gegenpol bildet die Ausdrucksgymnastik, sie bewegt sich ganz im Bereich des Subjektiven, des Seelischen, zumeist des Emotionellen. Objektiv aber abstrakt sind dagegen die Übungen, die vom Körperlichen, von einzelnen Muskelgruppen, bzw. Gliedmaßen ausgehen, für die der menschliche Körper insgesamt nur ein Mechanismus aus Fleisch und Knochen ist. Das eigentliche Wesen des Menschen bleibt dabei unberücksichtigt.

Das wahrhaft Objektive liegt nur außerhalb im Raum; an ihn können wir uns aber nur aus dem ganzen Menschen, mit Leib, Seele und Geist, wenden. Als ganzen und größeren Menschen werden wir uns aber auch in ihm wiederfinden.

Diese Forderung erhebt sich – heute mehr den je – in allem was wir tun, auch in der Gymnastik.

Leibesübungen als Menschenbildung

1931

Das Gebiet der Leibesübungen gehört zu denen, die es in der Gegenwart am schwersten haben, den rechten Weg zu finden, weil der Materialismus nicht nur die Wissenschaft vom menschlichen Körper bestimmt, sondern auch den Umgang mit dem eigenen Leib. Viele verurteilen zwar die Auswüchse des Sports, weil sie den Menschen, besonders das Kind geistig stumpf machen oder weil sie Überanstrengungen zeitigen oder krankhaften Ehrgeiz züchten – aber wo wird die Frage erhoben:

Welches sind die seelischen und geistigen Untergründe des Sports?

Kann es Leibesübung geben, die zugleich Menschenbildung ist, die also dem Menschen Bildungswerte vermittelt, Bildungswerte für Körper, Seele und Geist? Gibt – – – nicht raubt!

Die erste Frage hat Dr. Poppelbaum in seinem sehr beachtenswerten Buch[9] eingehend behandelt.

9 Dr. H. Poppelbaum. Die seelischen und geistigen Untergründe des Sports. Philosophisch-Anthroposophischer Verlag, Dornach 1973².

Mit der zweiten Frage möchte ich mich im folgenden beschäftigen. Die Ausführungen können und wollen sich nicht im einzelnen auf den Namen Rudolf Steiner berufen. Es liegt ihnen aber eine achtjährige Praxis im gymnastischen Unterricht an der Freien Waldorfschule in Stuttgart zugrunde, und sie sind ohne diese nicht denkbar. Dem Lehrer an dieser Schule ist es ja möglich, sich frei zu machen von dem, was konventionelle Anschauung, öffentliche Meinung auf dem Gebiet der Bildung, auch der körperlichen Ausbildung ist und eine Methodik anzuwenden, die ganz dem Wesen des heranwachsenden Menschen abgelauscht ist. Das heißt ja nicht etwa, daß hier die Welt von heute und ihr Wollen negiert werden. Das so starke Streben nach Körperkultur und einer Schulung des Willens auch im Körperlichen ist vielmehr im Zeitalter der Maschine ein Gebot von höchster Berechtigung. Es sollen aber dieser Welt von heute wieder Menschen zugeführt werden, die dies Leben deshalb freudig bejahen, weil sie an seinen Quellen getrunken haben und das Element kennen und meistern, auch wo es über Untiefen, Klippen und durch Strudel führt.

In dies Element des Lebens tief einzutauchen, so tief als es schriftliche Ausführungen über Leibesübungen überhaupt zulassen, sei im folgenden versucht und dabei von einfachsten Tatsachen aus dem Erfahrungsgebiet des körperlichen Übens ausgegangen.

Daß ich frei und aufrecht stehen kann, verdanke ich nicht nur der Stützkraft meiner Beine, sondern auch meinem Bewußtsein. Erlischt dieses aus irgendeinem Grund, dann tragen mich die Stützen meiner Beine nicht mehr. Ich falle. Die Aufrichtekraft versagt.

Ich kann diese Aufrichtekraft auch willkürlich und bewußt ausschalten. Dann schlage ich auch zu Boden. Das wäre eine völlig passive Bewegung, Gymnastik ist das noch nicht. Indem ich aber im Augenblick des Zusammenbrechens schrittartig einen Fuß vorsetze, fange ich den Fall auf, d. h. ich setze der passiven eine aktive Bewegung entgegen. Aus dem Zusammenbrechen wird so ein im Schritt vorwärts aufgefangener Fall. Hier beginnt Gymnastik.

Hatte ich mich im Stehen der *Höhe* verbunden, so verbinde ich mich im *Fall* bewußt der Tiefe. War ich im Stehen nach der vertikalen Geraden gerichtet, so ruhe ich jetzt im Punkt. Durch einfaches Aufrichten könnte ich wieder hochkommen.

Bei einigem Üben wird dieses Ab-Auf nicht befriedigen. Es geschieht nichts dabei. Der Übende beginnt zu bemerken, daß er aufrecht nach den drei Dimensionen des Raumes geordnet war und im Fall sie verloren hat. In dieser Raumlosigkeit widerstrebt es dem gymnastischen Empfinden, sich einfach aufzurichten. Da schaltet sich im Suchen ein Neues ein: *Der Rhythmus.*

Der im Punkt ruhende Mensch sucht in einer kreisenden, dem tiefen Ein- und Ausatmen verwandten Bewegung und mit einem abermaligen Vortreten die Passivität des Falles in Spannung zu verwandeln. Aus dem nun mit Spannung geladenen Punkt schnellt er wieder nach der Höhe, die Bewegung mit den Armen und einem dritten Vortreten verstärkend. So daß sich nun als gymnastische Folge ergibt:

Fall (1. Schritt)
Rhythmus (2. Schritt)
Höhe (3. Schritt)

Staunend, denn vollkommen unverhofft erkennt der Übende, daß es eine Notwendigkeit, ein Gesetz im Menschen ist, daß sich zwischen die Tiefe (des Falles) und die Höhe (des Aufgerichtetseins) der Rhythmus einschaltet. Nicht um von der Höhe zur Tiefe zu kommen muß der Mensch durch den Rhythmus, sondern um aus dem Fall sich wieder aufzurichten.

Rudolf Steiner hat uns den dreigliedrigen Organismus des Menschen verstehen gelehrt, in dem die rhythmische Organisation zwischen dem Unten (Gliedmaßen-Stoffwechselsystem) und dem Oben des Menschen (Nerven-Sinnessystem) vermittelnd eingeschaltet ist. Diese Wahrheit nun nicht nur verstandesmäßig einzusehen, sondern in ihr Werden als notwendig schaffende Kraft in ihrer ganzen kosmischen und menschlichen Bedeutung selbst einzutreten, kann der Seele tiefe Befriedigung geben, aber auch die Gewißheit, daß das tätige Nacherleben solcher geistig-körperlichen Zusammenhänge körpergesundend, körperstärkend, körper- und menschenbildend wirken muß.

Die oben geschilderte Bewegungsfolge: Höhe zur Tiefe und durch den Rhythmus wieder zur Höhe – stellt eine gewisse Urform menschlicher Bewegung dar: es ist die Auseinandersetzung zwischen den äußersten Polen im Raum

Vieles liegt zwischen beiden. Die reine Höhe führt mich zu stark von der Erde weg in den Raum, die Tiefe entreißt mich dem Raum und macht mich zum Mineral.

Höhe und Tiefe durchkreuzen sich im *«Widerstand»*. In ihm erlebt der Mensch seine Kraft, die Härte seiner Knochen. Gymnastisch läßt sich der Widerstand von der Höhe aus unmittelbar gewinnen, diesmal im Rückwärtstreten – von der Tiefe aus verlangt auch er das Hindurchgehen durch den Rhythmus. Und es ergibt sich im Üben, diesmal vom Widerstand aus, die neue Dreiheit:

Fall – Rhythmus – Widerstand

verbunden mit dem dreifachen Schritt rückwärts.

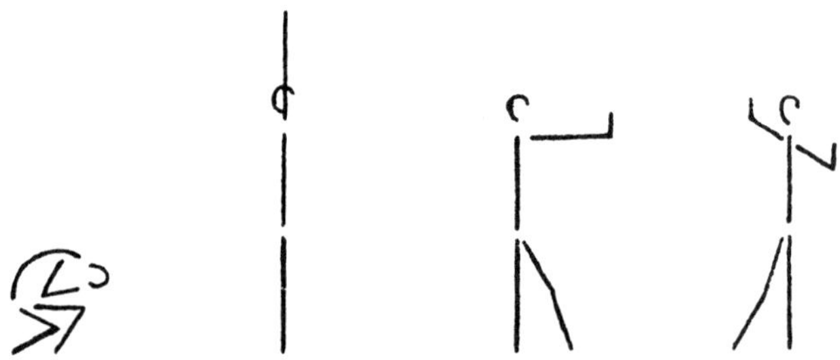

Zu der ersten Dimension Höhe – Tiefe (oben – unten) hat sich im Widerstand gesellt die zweite: rückwärts – vorwärts (hinten – vorne). Als die dritte Dimension (rechts – links) ergibt sich im weiteren Üben aus dem Widerstand heraus das *«Überwinden des Widerstandes»*, das Ausbreiten in der Waagrechten, als unmittelbare Folge. In ihm wird die rückläufige Bewegung des Widerstand - Suchens erneut vorwärts geführt. Der Übende lernt hier körperliche Folgerichtigkeit, körperliche Logik kennen.

Im Schwingen nach der *Weite,* das nur von der Höhe aus möglich ist, findet die geschilderte Übungsfolge ihr viertes Glied. Von der Weite aus kommt der Übende wieder nur durch den Rhythmus in den Widerstand.

Der Leser, gerade der fachmännische, mag sich bei diesen Ausführungen an den Kopf greifen und sich fragen: Ist denn das überhaupt noch Gymnastik? oder gar: Hat das Alles noch Sinn? Das ist ja abstrakteste Spekulation!

Beschreiben läß sich nur das Tote, das Mechanische. Eine lebendige Übung kann nur erlebt, d. h. vom ganzen Menschen ergriffen werden. Das im vorigen Gesagte wird und kann also von vielen Menschen erst im Üben begriffen werden, es sei denn, daß sich das Denken des Lesers über das nur Verstandesmäßige zur geistigen Überschau dieser Zusammenhänge erhebt. Was ich hier versuchte von Gymnastik zu veranschaulichen, gehört eben der Welt des Physisch-Räumlichen ebenso gut an wie der Welt des in der Struktur des Menschen wirkenden Geistig-Moralischen. Es entzieht sich daher immer wieder der begrifflichen Ausdrucksweise, während es im Üben sich unmittelbar und selbstverständlich ausspricht.

Die Gymnastik, von der hier die Rede ist, offenbart in ihren Rhythmen eine ganz wesentliche Seite ihres Wesens. Das könnte nun bedeuten, daß den Übungen bestimmte, willkürliche Rhythmen zugrunde gelegt sind, z. B. musikalische oder sprachliche. Die dieser Gymnastik eignenden Rhythmen sind aber so entstanden, daß die Übungen zunächst als rein räumliche Gebilde, mit oftmals stark geometrisierendem Einschlag aus einem möglichst vielseitigen Abtasten des Raumes sich gestaltet haben und daß eigentlich erst ihr Letztes, wenn sie räumlich schon stark durchgebildet waren, ein allerdings sehr gebieterisches Sich-Melden des Rhythmus war. Und schließlich ergab die Beobachtung, daß ein Übungsmotiv sich erst im Rhythmus als ein in sich geschlossenes Ganzes offenbarte.

Rhythmus also als Offenbarung, nicht als Voraussetzung einer gymnastischen Übung.

In seiner primitivsten Form, vom Räumlichen fast losgelöst, erschien da der Rhythmus in jener eingangs erwähnten Übungsreihe als der tiefe Atemzug nach dem Fall aus der Höhe, in gymnastisch notwendiger und vollberechtigter, gleichzeitig symbolisch bedeutsamer und Wahrheit verkündender Weise. Aber er blieb nicht etwas gewissermaßen episodenhaft Wiederkehrendes in der Übungsfolge, sondern er ergriff den ganzen Ablauf der Bewegungen und hauchte ihnen Leben ein: anders dem Aufrichten aus dem Fall, anders dem Schwingen aus der Höhe zur Weite, anders dem Eintreten in den Widerstand, anders dem Überwinden des Widerstandes – die Bewegungen in ihrer Dynamik immer mehr differenzierend und sie doch in ein Ganzes zusammenfassend, als der breit und mächtig dahinziehende Lebensstrom.

In der nach der Höhe strebenden Bewegung des Sichaufrichtens flammt das Element des Feuers. Im Schwingen nach der Weite lebt das Element der Luft. Im Suchen des Widerstandes fühlt sich das Element der Erde. Im Überwinden des Widerstandes wirkt das Element des Wassers. Das ist nicht nur räumliche, sondern auch rhythmische Sprache der Gymnastik.

Weiter oben war auch die Rede von dem mit den einzelnen Bewegungen verbundenen schrittartigen Vor- und Zurücktreten. Auch dies wird im Rhythmus des Übens von dem Lebensstrom ergriffen und mehr und mehr ausplastiziert. Und schließlich stellt es sich dem Übenden dar als die *Vierheit von Sprung, Schwung, Tritt und Schritt,* zugeordnet den vier Elementen Feuer, Luft, Erde, Wasser. Diese Vierheit findet ihre gymnastische Synthese im Schreiten.

Höhe – Sprung – Feuer
Weite – Schwung – Luft
Widerstand – Tritt – Erde
Überwinden des Widerstandes – Schritt – Wasser.

Ich habe zu zeigen versucht, wie Gymnastik den menschlichen Mechanismus ergreifen kann, und wie sie im besonnenen Ergreifen seiner Gesetze durchstoßen kann zu immer tieferen Erkenntnissen seines Werdens und Wesens. Dies kann geschehen, ohne im geringsten die *berechtigten* Anforderungen an Vielseitigkeit und Wirksamkeit der Leibesübungen zu vernachlässigen.

Es handelt sich um die entscheidende Frage: *Welche Anforderungen auf dem Gebiet der Leibesübungen sind heute berechtigt?*

Ein Empfindungsurteil hierüber abzugeben, wäre ebenso sinn- wie zwecklos. Auf diesem Niveau gibt es heute keine Entscheidungen mehr. Sinnvoll kann eine Entscheidung darüber nur sein, wenn sie aus dem *Erkennen* dessen kommt, was die physische Natur des Menschen als Teil seiner geistigen Entelechie ist. (Statistiken werden uns darüber keinen Aufschluß geben.) Wer der Meinung ist, daß ein Mensch seine Gliedmaßen wie das Tier gebrauchen kann und Leibesübungen methodisch darauf aufbaut, der hat sein eigenes Urteil schon ausgesprochen.

Die große Zahl derjenigen, die ihre Gliedmaßen tierähnlich gebrauchen, ohne es zu wissen, werden sich gegen diese Einsicht wehren, weil sie sich durch ihre Leidenschaft blind dafür machen. Dazu gehören weite Kreise der Sporttreibenden. Auch das Turnen steht trotz seiner großen Vorzüge in dieser Gefahr.

Wer an diesen Klippen vorbeikommt, baut sich wiederum allzu leicht ein schönes Gedankengerüste und nach diesem sein «System» auf. Er kommt bestenfalls zu schönen Bildern, zu hygienisch-orthopädischen Erfolgen, von denen er aber nie weiß, ob sie nicht von verheerenden Wirkungen im Innenleben des Menschen begleitet sind.

Der menschliche physische Körper ist als ein Stück sichtbar gewordenen Raumes Tat der höchsten Gewalten der geistigen Welt, verwoben mit dem ganzen menschlichen und menschheitlichen Schicksal von unübersehbaren Zeiträumen. Seine Sprache bleibt uns stumm, solange wir ihm nicht mit der Ehrfurcht des Erkenntnis-Suchenden nahen.

Er spricht seine Sprache, wenn wir im Üben alle unsere Sinne dem durch den Körper sich offenbarenden Raum öffnen, anfangen, diesen Körper zu verbinden dem Element der Höhe, Tiefe, Weite. Damit betreten wir den Weg zum Raum und können ihn sicher weitergehen, solange wir uns im Üben freihalten von jedem persönlichen Begehren und nur innerlich achtgeben auf jeden Ton, der aus dieser zunächst so dunkeln, seelenlosen Welt zu uns dringt.

Gymnastik im Sinne anthroposophischer Menschenkunde bedeutet zunächst den «Sprung in den Raum», in die Leere des Raumes, selbstlos-bewußt. Dann strömen seine Kräfte aus dem Umkreis auf den Übenden zurück und lehren ihn ihre Sprache, die schaffende Sprache des Gesetzes.

Zur Pädagogik der Gymnastik
Der «horizontale Fall» und der «vertikale Fall»

1931

In beiden «Fällen» wird der Mensch zunächst passiv. Er würde zu Boden schlagen. Das kann nie ein Ziel gymnastischen Übens sein; es wäre ein Ende. Was kann ihn davor bewahren? Es ist der Schritt vorwärts, den der Übende zunächst instinktiv machen wird. Der übersteigerten Höhe und dem horizontalen Fall entsprechend der große Schritt, dem vertikalen Fall entsprechend der kleine Schritt. Schritt! Es ist zunächst nur ein Vorsetzen des Fußes, aber es ist die Wurzel des Schrittes. Die Arme fangen den horizontalen Fall auf im Schwingen nach der Weite, der Waagrechten; im vertikalen Fall streben auch die Arme dem Punkt zu.

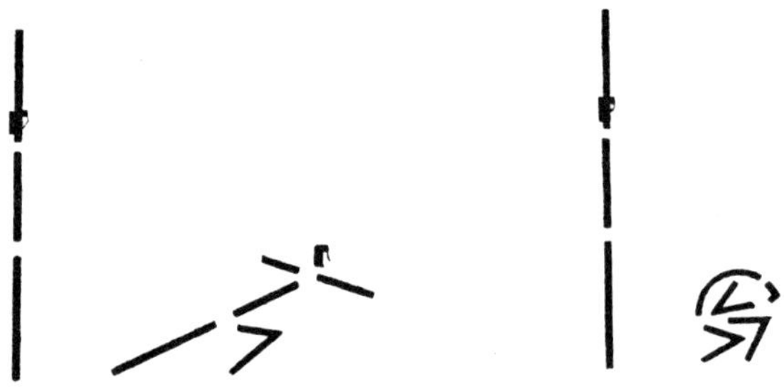

Versuchen wir, diese Vorgänge nicht nur nach ihrer mechanischen Gesetzmäßigkeit, sondern recht intensiv zu erfassen, also vom ganzen Menschen aus, so finden wir uns in der Auswirkung des horizontalen Falles ausgebreitet in dem *Raum,* in der Auswirkung des vertikalen Falles im *Punkt,* also dem Raum entfallen. Der horizontale Fall ist gymnastisch der Fall in den dreidimensionalen Raum, der vertikale Fall der in die nullte Dimension, in den Punkt.

In der Schöpfung ist der Mensch – es sei mir das Paradoxon erlaubt – das einzige Lebewesen, das ganz in den dreidimensionalen Raum gestürzt ist.

Das Tier ist in den zweidimensionalen Raum, vorwiegend die Horizontale, gestürzt.

Die Pflanze in den eindimensionalen, vorwiegend die Vertikale;
das Mineral in den Punkt (Atom).

Der Mensch hat daher ein vollkommen ausgebildetes Raumbewußtsein;
Das Tier ein vor allem nach vorn ausgebildetes (Instinkt der Richtung);
die Pflanze hat kein Raumbewußtsein; sie ist unbeweglich;
das Mineral ist tot.

Indem der Mensch sich gymnastisch einordnet in diese Mannigfaltigkeit der durch die Naturreiche sprechenden Dimensionen, erlebt er sie frei von Abstraktion als lebendig wirkende, auf den Fall aus der Höhe weisende Urkräfte. Der Mensch kann sie in seiner eigenen Natur auffinden; ihm obliegt es aber auch, sie zu überwinden.

Der aus der Übersteigerung der Höhe folgernde Fall in den dreidimensionalen Raum mit dem typischen großen Schritt vorwärts bedingt zu seiner Überwindung die Umkehr und im rhythmischen Sich-erheben das bewußte Durchlaufen der drei Dimensionen wieder bis zur Höhe.

Der aus dem Loslassen der Höhe folgernde Fall in den Punkt ruft auch nach dem Rhythmus und findet aus dessen Kraft den Weg zur Höhe. Und wie dieser Fall von der Höhe hineinführt in die tiefste Tiefe, in das Reich des raumlos-(toten) Mineralischen, so führt der Rückweg hindurch durch die Reiche des Lebens, die vier Elemente:

das aufwärts Springende,
das in die Weite Schwingende,
das im Widerstand sich Verfestigende,
das im Widerstand sich Ausbreitende, Wirkende.

Diese Übungen stehen an der Wende vom 14. zum 15. und 16. Lebensjahr als Marksteine der Entwicklung. Eine Fülle wechselnder Rhythmen und dynamischer Abstufungen geben reichen Übungsstoff und lassen in ihrem Lichte vor dem Kinde Welt- und Lebensfragen in eindrucksvoller, vom Intellekt freier und doch Bewußtsein und Willen wachrufender Weise Antwort finden.

Dem 16. und 17. Lebensjahr erstehen als Aufgabe solche Übungen, die das ganz räumlich zu nehmende Zielbewußtsein erwecken können. Der Mensch im Raum dem selbstgewählten Ziel gegenüberstehend und seine Bewegung nach ihm richtend, indem er einmal mehr die Weite zum Ziel, die Distanz, zugrunde legt und sich dadurch mehr mit der Kraft der Horizontalen verbindet, ein andermal mehr aus dem Erlebnis der eigenen Aufgerichtetheit heraus die Kraft der Vertikalen dem Ziel gegenüber betont. Hier ist es nicht mehr so sehr der «Mensch im Raum» als der «Raum im Menschen». In starker Anspannung des Willens und des Bewußtseins geht der Übende hier über die Grenze der egoistischen, besser gesagt: egozentrischen Kraft hinaus.

Das 18. Lebensjahr und letzte Schuljahr vereinigt in einer zentralen Übung das, was für die Zeit vom 14. bis 17. Lebensjahr gesagt war: Das Hindurchgehen durch den Fall, aber als ein nunmehr selbstgewolltes, nicht mehr mechanisch bedingtes. In zielbewußter, dem Raum vollkommen hingegebener Wendung erhebt sich der Übende von Dimension zu Dimension fortschreitend wieder zu seinem Ausgangspunkt, der Höhe.

Der Baumeister, der vor 10 Jahren sein kleines Haus von innen und außen beguckt hat, sich gefreut hat über die «Säulen so hoch» und die «Fenster so weit», hat nun Jahr für Jahr daran gearbeitet, hat manches niedergerissen und zu Fall gebracht, frische Baustoffe herbeigetragen aus den Elementen von Feuer, Erde, Luft und Wasser, und angefangen, Weltenmaße hineinzubauen, so daß dies Haus der gerechte Bau geworden ist für sein erwachendes Weltbewußtsein.

Mit dem Richtspruch:

«... So soll es stehn»,

den der Lehrer am Schlusse jenes kleinen Reigens im 3. Schuljahr über seine Schüler gesprochen hat, mag der Schüler nun vor dem Eintritt ins Leben seinem selbstgefügten Bau die Weihe geben.

Erziehung durch Gymnastik als Kunst im Geiste des Goetheschen Metamorphosegedankens

1932

... Eurythmie ist nicht Körperübung im eigentlichen Sinne; wohl soll dort der menschliche Körper in der Bewegung das Wesen von Laut und Ton offenbaren als «sichtbare Sprache und sichtbare Musik,» aber der Körper ist eben nur Mittel für die Darstellung eines im wesentlichen Übersinnlichen. Das ist Kunst. –

Anders liegt es in der Gymnastik. Hier handelt es sich um den Körper als Ziel der Übung, um die Ausbildung eines rein Physischen. Diese rein körperlichen Übungen können uns letzten Endes auch etwas Geistiges offenbaren; aber das ändert nichts daran, daß sie unmittelbar der Durchbildung, Durchgestaltung des menschlichen Körpers dienen sollen. Alle anderen Zwecksetzungen sind von außen herangetragen und haben vielfach nur konventionelle Bedeutung.

Den Körper so durchzubilden, daß alle in ihm veranlagten Kräfte zur höchsten harmonischen Entwicklung kommen, darf als unbestreitbare Aufgabe der Körperübungen bezeichnet werden.

Worin beruht diese Harmonie? Eine große Frage stellt sich damit jedem Lehrer. Nicht etwa die nach Stoff und Mechanismus des menschlichen Körpers – die sind unmittelbar gegeben und von der Wissenschaft scheinbar erforscht und jedem Laien bis zum Überdruß verständlich gemacht. Es ist vielmehr die nach dem Wesen der menschlichen Gestalt. Goethe schreibt in seinem Tagebuch von der zweiten italienischen Reise: «... Nun hat mich zuletzt das A und O aller uns bekannten Dinge, die menschliche Figur, angefaßt und ich sie ...» Diese Figur sehen wir täglich in ebensoviel Variationen als wir Menschen begegnen, und sie ist doch eine solche, die auch unter den schrecklichsten Verstümmelungen immer das Urbild des Menschen erkennen läßt. Hier spüren wir schon ein Übersinnliches hereinragen in unser tägliches Arbeitsgebiet, an dem wir nicht achtlos vorübergehen dürfen. Es ist erhaben über alle individuellen Spielarten und nötigt den Lehrer zu der Frage: Wie weit darfst du dieser menschlichen Gestalt, die so hoch herausragt über Stein, Pflanze und Tier alles zumuten, was man eben einem Organismus, ohne ihn unmittelbar zu schädigen, an Bewegung zumuten *kann?*

Ist diese Gestalt nicht etwas Ehrfurchtgebietendes, eine ewig stumme, vorwurfsvolle Frage: weißt du denn etwas von mir oder von dem, was du tust, wenn du mich beugst oder streckst, gehen oder stehen, fallen oder springen lässest? Auch wenn du alle Muskeln und ihre Funktionen, Knochen und Gelenke aufzählen und zeichnen kannst, die dabei in Betracht kommen?

Rudolf Steiner sprach über den Menschen als einer «Hieroglyphe des Weltalls». (R. Steiner: Entsprechungen zwischen Mikrokosmos und Makrokosmos. Der Mensch - eine Hieroglyphe des Weltalls. GA 201). Wie diese heiligen Inschriften an alten Tempeln den Menschen durch Jahrhunderte unenträtselbar schienen, obwohl sie in ihrer Bildersprache vor jedem offenbar lagen, so ist uns die Hieroglyphe der menschlichen Gestalt erst recht solch ein offenbares Geheimnis. Wir können sie aber nicht nur von außen anschauen, wie jenes Schriftzeichen. Sie ist vielmehr ein Teil unser selbst, das die Züge unseres Wesens trägt, an dem wir sogar selbst zu bauen glauben und doch nicht vermögen, einen einzigen seiner Züge wirklich zu verändern.

Aber weil diese Gestalt eben auch ein Teil unser selbst ist, können wir sie erkennen wie nichts anderes in der Sinnenwelt. Nicht unter dem Mikroskop: das liefert uns nur Punkte, Teile und Striche der Hieroglyphe; aber indem wir zusammenschauen Form und Leben. Mit Goethes orphischem Wort: «Geprägte Form, die lebend sich entwickelt», ist gekennzeichnet, wie wir die menschliche Gestalt anschauen wollen.

Diese Form ist bei aller Klarheit höchste gegenseitige Durchdringung von Kräften, höchste Kunstform, deren Fülle nicht mehr dem Verstande, sondern dem, was höher ist, der «anschauenden Urteilskraft», sich offenbart. Wir kommen dieser Form nicht bei mit Hebeln und mit Schrauben, sondern indem wir ihr von innen heraus nachgehen, nachspüren. Wir stecken ja nicht nur drin in unserem Objekte bei unserem Experiment, wir leiden ja mit seine Schmerzen und teilen seine Freuden – wir schauen nicht nur das Geschehen, sondern wir fühlen es auch als Dissonanzen und Harmonien, wenn wir uns nicht gerade die Augen und Ohren zuhalten. Aber da liegt eben der wunde Punkt: das «innerliche Achtgeben», das sich nicht betrügen läßt vom schönen, ja oft sogar unschönen Schein fabelhafter Leistungen. Es kommt uns weder auf den Schein an – der kann verführerisch sein –, noch auf den greif- und meßbaren Erfolg – der kann Irrtum sein. Es kann nur ankommen auf die Wahrheit.

Kann denn körperliches Üben auch unwahr sein, kann es bei allem guten Willen und allen Idealen sinnlos sein? Die eurythmische Bewegung offenbart in erstaunlicher Weise jede Unwahrheit oder Leerheit, die der Übende sich gestattet, da sie ja Seelisches zum Ausdruck bringt. Gymnastik hat nichts Seelisches zum Ausdruck zu bringen. Sie ist Bewegung an sich. Reine Bewegung, ohne Einschlag des seelischen Ausdrucks, kann nur dann wahr sein, wenn sie bewußt nur den Gesetzen des Raumes folgt, also nichts hineinträgt, was nicht aus dem Wesen des Raumes, der Raumeswelt folgt. Es muß der denkbar nüchternste Weg sein. Bei leblosen Körpern kristallisiert sich der Raum im körperlichen Schwerpunkt. Seinem Gesetz folgt die Bewegung. Höhe, Weite, Länge oder Tiefe sind am leblosen Körper nur abstrakte Begriffe; an ihm gibt es nur Ausdehnung. Anders beim lebendigen Körper. Wohl strahlen auch in ihm die Kräfte des Raumes zu einem körperlichen Schwerpunkt zusammen, aber diese Strahlen haben sich von ihm noch nicht ganz zurückgezogen und ihr letztes schwaches Leuchten erleben wir, wenn wir uns nach den drei Dimensionen richten, die nicht nur in uns hineinstrahlen, sondern auf denen wir auch wieder den Weg zurückfinden können in die körperlose, unkörperliche Welt des Raumes. Und zwar durch den bewußt wirkenden menschlichen Willen.

Wir haben eben noch einen zweiten Schwerpunkt als Menschen, der uns nur zugänglich ist kraft unseres Willens, und das ist der Umkreis, die Peripherie, so paradox es klingt. Die Wege dorthin sind die drei Dimensionen. Höhe – Weite – Ziel: in diesen drei Namen leben die drei Dimensionen. Sie sind die Richtmaße gymnastischen Übens.

Der Mensch kann sie *bewußt* erleben; sie leben aber auch in Pflanze und Tier. Sie genügen also wohl als Wegweiser der gymnastischen Bewegung, aber nicht als Dämme, wenn sich die Kraft des menschlichen Willens in die Bewegung ergießt. Dieser Strom darf nicht uferlos einherbrausen, sonst zerstört er mehr als er schafft.

Sind die drei Dimensionen die Wegweiser der Bewegung, ist der Wille die Substanz, so sind die Ufer aufgerichtet durch die menschliche Gestalt. In ihr, in der von allem Persönlichen befreiten menschlichen Gestalt, können wir das Urbild des Menschen erkennen als ein sinnlich-übersinnlich Anschaubares. Sie lebt noch in einer menschlichen Fähigkeit, in der Urteilskraft, die noch ein Rest, ein Ur-teil dieses Ur-bildes ist. Kraft dieses Ur-teils, das im Ur-bilde lebt, das nicht nur an den Verstand gebunden ist, sondern dem lebendigen Denken angehört, muß der Lehrer die Grenzen der gymnastischen Bewegungen erkennen.

Rudolf Steiner sprach zu uns von diesem Urbild des Menschen, er sagte dem Turnlehrer, daß es seine Aufgabe sei, den Körper des Kindes in dieses Urbild hineinzugestalten. Jeder muß es aus der eigenen Arbeit selbst finden; aber wollte das ganze Lebenswerk Rudolf Steiners uns zu *dieser* Erkenntnis führen. Waren es gewaltige Bilder makrokosmischen Geschehens, waren es feinste Beobachtungen am armseligsten Mineral – leuchtend stand zwischen den beiden das Urbild des Menschen als ihre Summe, ihre Quintessenz.

Wie kann der Turnlehrer zu diesem Ziel den Weg finden? Nimmermehr durch Spekulation. Üben muß er, üben – und das Geübte anschauen. Übend suchen und durchstreifen muß er die Felder körperlicher Bewegung, übend nachgehen allen ihren Möglichkeiten, und dann muß er mit einem kräftigen Schritt heraustreten aus dem Kreis dieses Geschehens, dessen Mittelpunkt er selbst war und es urteilend anschauen.

Und er wird finden, daß er sich in der einen Bewegung dem mechanischen Prinzip genähert hat, das im toten Mineralischen herrscht und seine gesteigerte Ausdrucksform in der Maschine hat. Finden wird er, daß er sich in der anderen Bewegung zu stark dem rhythmisch-vegetativen Prinzip genähert hat, das im Pflanzenreich seinen Ausdruck findet. Die Pflanze schläft im Rhythmus ihres Wachsens und Vergehens. Finden wird er, daß er sich in einer dritten Bewegung zu sehr dem Triebhaften, dem Tiere genähert hat. Das Tier verliert sich träumend in seinen Instinkten und Begierden. Alle drei Dinge – der scheinbar tote Stein, die schlafende Pflanze, das träumende Tier – sind ja im Menschen in seinem physischen Körper, in seinen Lebensvorgängen, in seinen Begierden modifiziert vorhanden. Aber steht der Mensch auch mitten unter ihnen, so steht er doch vor allem über ihnen als der, der allen Wesen Maß und Ziel zu geben, der letzten Endes sie in sich selbst zu metamorphosieren, zu verwandeln weiß.

Und das gilt unmittelbar auch für die körperlichen Übungen. Ja, in jeder Bewegung nähern wir uns dem fallenden Stein oder der aufstrebenden Pflanze oder dem sich fortbewegenden Tier – aber wir müssen sie an und in uns in ihrer naturhaften Auswirkung zügeln, ihnen Maß und Ziel geben, sie verwandeln.

Dazu bedürfen wir der Urteilskraft, die dem Menschen als Rest des verlorenen Urbildes noch geblieben ist und das ihn heute noch zu aller Dinge Maß und Meister machen kann. Kraft unseres Urteils müssen wir durch die mechanische, pflanzliche, tierische Bewegung hindurch das Urbild des Menschen und der menschlichen Bewegung wieder finden. Das ist die Aufgabe des Lehrers, im besonderen des Turnlehrers.

Von den Körperübungen zur Erziehung durch Gymnastik

1932

Auf dem Gymnasium, das ich um die Jahrhundertwende besuchte, gab es keine Gymnastik. Auch später lernte ich nichts dieser Art. Dafür hatte ich das Glück, schon als Knabe außer dem Turnen auch Fechten, Reiten, Tanzen zu lernen und viel Kunst zu sehen, sowohl in Italien, als in Deutschland und Belgien. Einige Jahre vor dem Kriege war ich in Rom und Griechenland. Der griechische Himmel, die Weihe Olympias, Delphis, Athens prägten sich als tiefste Sehnsucht meinem Herzen ein.

1922 rief mich Dr. Rudolf Steiner als Turnlehrer an die Freie Waldorfschule in Stuttgart. Wenn irgendwo in der Welt – das wußte ich –, dann konnte hier etwas von dieser Herzenssehnsucht Gestalt werden. Ich frug Dr. Steiner, ob ich auch Gymnastik unterrichten solle. Er bejahte es. Nun war der Weg frei; denn Rudolf Steiner begrüßte jede Initiative, die einem Menschen von Herzen kam.

Nun war ich zugleich Lehrer und Elementarschüler auf diesem Gebiete. Ich schaute mich nicht um; was ich suchte, wußte ich, lag bei mir selbst. Da ich Schüler Rudolf Steiners schon lange war, mußte das, was ich tat, vor den Ergebnissen seiner Geistesforschung, vor dem Bilde des Menschen, wie er es der Welt gegeben hat, bestehen können. Noch dämmerte mir kaum der Weg meiner Arbeit – da starb Rudolf Steiner 1925. Nur das Bild seines Wirkens und des Menschen vor Augen, wie er mir tagtäglich in der Kinderschar der Waldorfschule mit kraftsprühendem Leben entgegentrat, ging ich meinen Weg weiter.

Neben meiner Arbeit wird an der Schule die von Dr. Rudolf Steiner selbst geschaffene Eurythmie an Mädchen und Knaben unterrichtet. Sie lebt in dem gesprochenen Wort und der Musik. Ihr Gebiet war mir unantastbar. Für die Gymnastik hat Rudolf Steiner wiederholt allgemeine Winke gegeben, so besonders in dem Kursus in Ilkley[10] 1923 und zu Dornach 1924 für die dramatische Kunst[11]! Er gab aber nie bestimmte gymnastische Übungen für die Schule. Es war mir klar, daß der aufrecht stehende Mensch der Anfang aller Gymnastik sein müsse. Das Aufgerichtetsein ist die einfachste menschliche Offenbarung in der Körperwelt.

Zwei Kräfte wirken hier schon zusammen:
von oben nach unten die Schwere,
von unten nach oben die Aufrichtekraft (Leichtigkeit).

Lasse ich nur die Schwere wirken, so fällt der Körper zusammen wie ein leerer

10 Rudolf Steiner: «Gegenwärtiges Geistesleben und Erziehung».
11 Rudolf Steiner: «Sprachgestaltung und Dramatische Kunst» erschienen im Philosophisch-Anthroposophischen Verlag am Goetheanum Dornach.

Sack. Er schlägt zu Boden, wenn nicht der Übende durch eine neue aktive Bewegung (der Fall ist ganz passiv) diesen Fall etwa durch Vorsetzen eines Fußes in sich selbst auffängt. (Fig. 1)

Fig. 1.

Nun ruht der Körper, völlig kraftlos in sich zusammengesunken, wie in einem *Punkt.* Er ist dem Raum und seinen tragenden Kräften entsunken und unterliegt einzig der Schwere, also der Materie.

Hier wäre eigentlich ein Ende. Aber eine Kraft vermag aus diesem Ende wieder einen Anfang zu machen. Das ist die *Kraft des Rhythmus.* Obwohl auch er scheinbar verloren ist im Fall, vermag doch er als die dem Menschen immanente Kraft dem «toten Punkt» wieder Leben einzuhauchen, und durch ihn, als ein ganz neues Bewegungselement, zieht wieder die Kraft des Raumes ein: zunächst die Kraft, die als Sprung wieder zur Höhe führen will, aber ohnmächtig zur absoluten Höhe zu gelangen, als schwingende Kraft sich mit der Weite verbindet, sich dann im Widerstand stärkt und behauptet, um schließlich im Durchschreiten des Widerstandes zur Freiheit des menschlichen Schrittes hindurchzufinden. (Fig. 2)

Fig. 2.

Diese ganze Folge ist ein bald vorwärts bald rückwärts getragener Rhythmus. Ein Drama für sich.

Ein zweiter Fall ergibt sich, wenn der Übende die von unten nach oben wirkende Aufrichtekraft steigert durch Überstreckung nach der Höhe. Hier wirkt das Übergewicht. Der Körper würde wie ein gefällter Baum in ganzer Länge zu Boden schlagen.

Durch weites Vorsetzen eines Fußes und Schwingen der Arme nach der Horizontalen (Weite) wird der Fall aufgefangen und zur Ruhe gebracht (Fig. 3a).

In kräftigem Schwingen nach der Höhe wendet sich nun der Übende um (Fig. 3b), durchschwingt von der Höhe aus die ganze Tiefe (Fig. 3c) und erhebt sich wieder zum aufrechten Stehen (Fig. 3d).

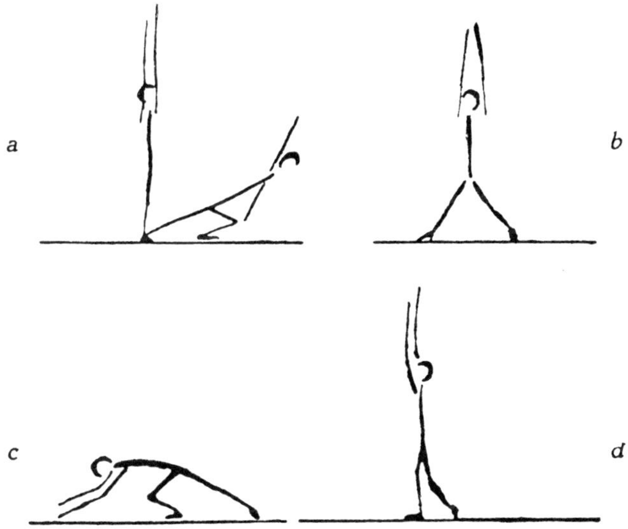

Fig. 3.

Dieser Fall – der Fall in den dreidimensionalen Raum – findet also seinen Abschluß nicht im Schreiten, sondern im Sich-erheben zur Höhe nach vollbrachter Umkehrung. Und in einem neuen Stehen.

Für diese Übung gibt es eine Reihe interessanter Variationen, vom furioso bis zum grazioso.

Zwischen diesen beiden Fällen steht der aufgerichtete Mensch, gerichtet nach Höhe *und* Tiefe, im Gleichgewicht. Dieses Gleichgewicht beider Kräfte findet geometrisch und gymnastisch seinen klarsten Ausdruck im Dreieck.

«Sprung nach der Breite, Schwingen der Arme zur Höhe» – kürzer gesagt: «Sprung in das Dreieck». (Fig. 4 I).

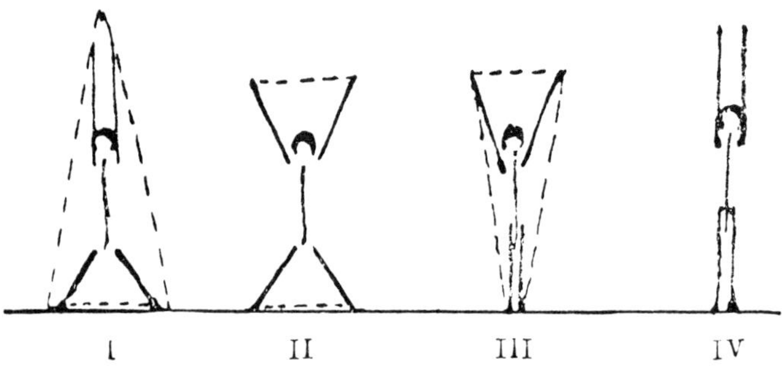

Fig. 4.

Die Spitze des Dreiecks schwingt sich vorwärts – abwärts durch das Dreieck hindurch, teilte sich im Rückschwung und nimmt das Maß der Grundlinie, trägt es empor (Fig. 4 II). Nun ist die neue Grundlinie oben, die alte unten. (Man könnte auch von zwei sich spiegelnden Dreiecken oder einem Viereck sprechen). Nun springt die alte Grundlinie wieder zum Punkt zurück und nun steht das alte Dreieck auf der Spitze (Fig. 4 III). Nun schwingt sich die neue Grundlinie nach rückwärts herunter zur neuen Spitze und wieder empor. Dann läßt der Übende auch die neue Grundlinie los, berührt einen Augenblick die Grundstellung, richtet sich nochmals nach der Höhe (Fig. 4 IV) und kehrt zum aufrechten Stehen zurück.

Das Dreieck hat so eine Reihe von Verwandlungen durchgemacht, die den Menschen jedesmal in ein neues Verhältnis zum Raume bringen, bis er schließlich durch diese exakte und doch rhythmisch bewegte Übung wieder zum aufrechten Stehen, aber nun im Vollgefühl des Raumes, zurückkehrt. Er hat das Gleichgewicht zwischen Schwere und Leichtigkeit gefunden.

Ganz in die «Leichtigkeit» kommt der Übende, wenn er seine Aufgerichtetheit durch leichtes Hüpfen nach der Höhe steigert. Er kann sich dann aus dem Sprung in und durch die Weite eines großen Kreises schwingen, der sich um seine ganze Gestalt herumschwingt und sich in erneutem Sprung zum Mittelpunkt des Kreises zusammenballt (Fig. 5).

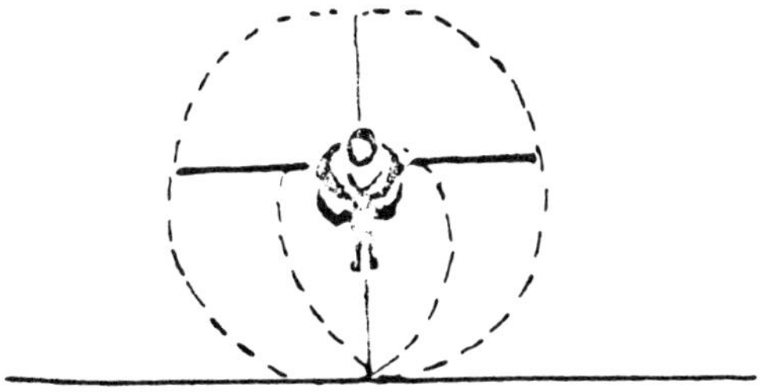

Fig. 5.

Aus diesem schwebenden Mittelpunkt entspringt die Horizontale (Breite) und die Horizontale schwingt zurück zur Vertikalen (Höhe), um dort wieder durch den kleinen Sprung hinauszuführen in Kreis, Mittelpunkt, Breite und Höhe in immer wiederkehrendem Rhythmus.

Die umgekehrte Bewegungsfolge ergibt sich, wenn der Übende nicht, wie oben, dem leichten Sprung nach der Höhe und in den Kreis folgt, sondern seinem Zurückschwingen nach der Tiefe.

Dann führt der Rhythmus durch die Tiefe zur Weite (Horizontale), die Weite schließt sich zum Mittelpunkt, der Mittelpunkt öffnet sich in den Kreis, umschwingt die ganze Gestalt des Übenden und kehrt durch die Tiefe zur Höhe, zum «Ur-Sprung» zurück (Fig. 6).

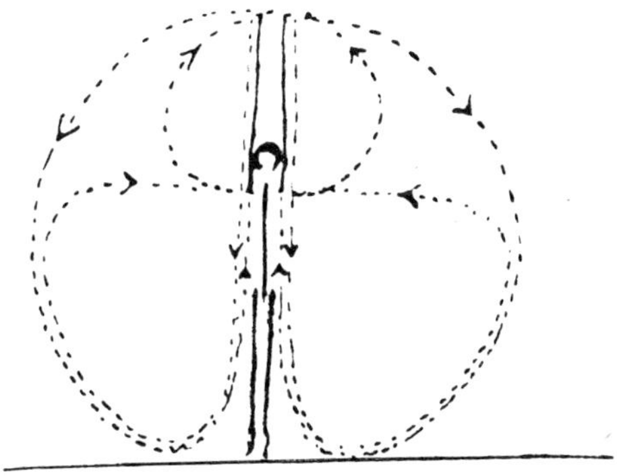

Fig. 6.

Dieser Rhythmus verbindet sich unmittelbar mit dem Blut- und Atemrhythmus.

Er läßt sich ausdrücken durch Worte, die zu der Übung gesprochen werden können:

«Richt euch zur Höhe –
Schwingt durch die Tiefe zur Weite,
Mitte
Strahle zum Kreis,
Tiefe zur Höhe ...»

Im Vorhergehenden wurden nur elementare Übungen erwähnt, deren Beschreibung ohne die Gefahr allzugroßer Mißverständnisse gewagt werden konnte.

Diese Gymnastik versucht, sich nicht an des Gewordene und in der Materie zum Mechanismus Erstarrte zu wenden, sondern an das Ursprüngliche, Werdende, an die fortzeugenden Kräfte des Raumes, die in jedem Menschenkinde neu körperliche Gestalt gewinnen.

Diese Kräfte offenbaren sich wesentlich als *geometrische.* In ihrer elementaren Einfachheit und ihren klaren Rhythmen sind sie frei von der Mechanisierung oder phrasenhafter Trivialität.

Rhythmus, nicht erfundener, geht durch diese und alle anderen Übungen wie der Rhythmus des Herzens und der Lunge durch den Menschen. Die Übungen haben den Rhythmus so in sich, daß auf musikalische Begleitung verzichtet werden kann.

Darin liegt eine Gewähr auf die Richtigkeit des Weges. Die andere Gewähr liegt darin, daß jede Übung, in die Sprache übertragen, eine Wahrheit ausspricht, die jeder unmittelbar dynamisch empfinden kann: Die Dynamik nicht nur des einzelnen Menschen, sondern des Menschenwesens, wie es sich in die Gesetze des Raumes hereingefunden hat, von ihnen durchzogen wird und durch sie den Weg wieder zurückfindet zur Höhe, als dem Anfang und Ende.

Darin wird dann nicht nur der Körper nach all seinen Möglichkeiten, soweit sie spezifisch menschliche sind, geübt – *Leibesübungen;* sondern der ganze Mensch nach Leib, Seele und Geist stellt sich dann wieder bewußt in die schaffenden Kräfte des Raumes: *Menschenbildung.*

Vom Wesen und Ziel der Gymnastik

Für den Menschen des naturwissenschaftlichen Zeitalters ist es gut, sich einmal die Frage vorzulegen: habe ich, wenn ich vor dem Leichnam eines Menschen stehe, eigentlich noch den Menschen vor mir? Wenn ich einen Arm oder Finger amputiere, ist es dann immer noch ein Arm oder Finger, oder ist es nur mehr ein toter Mechanismus, dem alles fehlt, was ihn vorher zum Arm oder Finger gemacht hat?

Spreche ich als Gymnastiker: Verdient eine «Übung» für Arme, Hände, Beine, Rumpf, Hals usw. noch diese Bezeichnung, wenn es nicht gleichzeitig den ganzen Menschen umfaßt, ihren Sinn aus dem ganzen Menschen empfängt? Nur der ganze Mensch, nicht der menschliche Mechanismus, gibt den Gliedmaßen und ihren Bewegungen einen Sinn. (Die Gliedmaßen des Tieres sind nur Mechanismen, denn das Tier selbst gibt ihnen keinen Sinn, sondern gebraucht sie nur zweckmäßig).

Gymnastik, als reinste Form der Körperbetätigung, muß den Gliedmaßen in ihren Bewegungen Sinn geben können, muß sinnvoll sein; dann erst ist sie menschlich. Es gibt Tiere, die viel gewandter klettern, springen, schwingen können als der Mensch, es gibt fabelhafte Akrobaten unter den Tieren – die Konkurrenz mit ihnen ist sinnlos. Sinnvoll – was mehr ist als zweckmäßig und interessant – ist nur die aus der Selbstbesinnung und Selbstbestimmung des Menschen kommende Bewegung. Kann Gymnastik, diese an sich unbeseelte Kunst, sinnvoll sein? Oder nur zweckmäßig, d. h. hygienisch-orthopädisch, kraft- und gewandtheitfördernd - oder ästhetisch, d. h. das künstlerische Empfinden befriedigend - oder das Gegenteil von beiden? Aber sinnvoll, also von geistigem Belang, wahrhaft und heilend, kulturtragend?

Wir ahnen, daß das bei der griechischen Gymnastik der Fall war. Wir wissen, daß das, was heute an ihre Stelle getreten ist als Gymnastik, Sport, Leichtathletik, diese hohen Werte nicht besitzt. Denn wir sehen, daß selbst die größten Leistungen auf diesen Gebieten wohl sehr stark auf die Willensnatur des Menschen, manchmal auch auf sein rhythmisches Gefühl wirken, daß aber das denkende Bewußtsein und der in ihm lebende höhere, moralische Mensch leer ausgeht.

Wir müssen wieder bis ins Körperliche hinein wissen, was wir tun, wir müssen die geheime Schönheit unseres Körpers wieder kennen lernen, die uns eine Offenbarung von Weltenkräften sein kann, und nicht an Knochen und Muskeln, Maßen und Gewichten hängen bleiben. Sie vergehen, aber die geheime Schönheit unseres Körpers, an der wir im Leben bauen, die tragen wir hindurch durch die Pforte von Tod und neuer Geburt, weil sie aus dem Geiste geboren und die moralische Quintessenz des Menschen ist.

Welche Wege zeigt sie uns in der Gymnastik?

Wir führen durch starke Willensentschlüsse unsere Gliedmaßen zu körperlichen Spannungen und lösen diese rhythmisch auf, mit wachem Bewußtsein ihr Zu- und Abnehmen in Raum und Zeit verfolgend und den Vorgang zum inneren Bild gestaltend. Höhe, Tiefe und Weite, am eigenen Leib in der Bewegung erlebt, bauen wir hinein in dies Netz sich durchdringender Kräfte als die großen Richtmale des Raumes.

Basis und Spitze vereinen in uns in ihrer Statik Schwere und Leichtigkeit, Gebundenheit und Freiheit. Sprung, Schwung, Tritt und Schritt offenbaren uns die Dynamik der in uns wirkenden vier Elemente Feuer, Luft, Erde, Wasser – sie führen uns als Raumeserlebnisse an die Erkenntnis tiefer Symbole heran. Das Wechselspiel zweier Kreise, sich ineinander schließend und öffnend, enthüllt uns plötzlich in körperlicher Greifbarkeit Zyklen menschlichen Werdens als räumliches Geschehen. Andere Rhythmen, z. B. das Spiel zwischen Weite und Verschränkung, fügen sich dem sinnvoll ein. Die Dimensionen, sich ineinanderfügend und im Punkt sich durchdringend, stellen uns schließlich an die Schwelle übersinnlichen Erkennens. Und wir erkennen, wie das aufrechte menschliche Stehen die Summe sein kann aus Höhe, Weite und Tiefe, die ihre Synthese finden im Kreuz. Durch das Kreuz hindurchgehend, es räumlich in sich hereinnehmend, gelangt der Übende an den Punkt, wo die äußere gymnastische Bewegung aufhört und ihre Kraft sich verwandelt und frei wird im Bewußtsein.

So suchend und tastend kann Gymnastik den Weg zum Geist finden, wenn sie sich freimacht von der größten Abstraktion unserer Zeit, nämlich von der Hypothese eines nur Körperlichen – das es nicht gibt und das wir auch nie nur als solches üben können. Erhellt wird dieser Weg durch das Licht, das aus Anthroposophie in unser Bewußtsein strahlt und das unser Herz wärmend erfüllen kann mit der großen Ehrfurcht vor dem Wesen Mensch, das die geheimen Züge seines Schöpfers an sich trägt, die wir wieder finden wollen.

Dritter Teil

Olive Whicher:
Die menschliche Bewegung im kosmisch-irdischen Raume

Arnold Bernhard:
Wie man sich von Raum und Gegenraum eine innere Anschauung erarbeiten kann

Johannes Hörner:
Lehrplanvorschlag zur Bothmergymnastik

Die menschliche Bewegung im kosmisch-irdischen Raume

Olive Whicher

Graf Bothmers gymnastisches Üben führte ihn in ein Erleben des Raumes, das weit über den bis vor einigen Jahrhunderten in der Wissenschaft herrschenden Begriff des starren euklidisch-dreidimensionalen Raumes hinausgeht. Wenn er versuchte, in Worten zu schildern, was er beim Üben erlebte, sprach er immer wieder vom Raume als solchen. Nicht intellektuell denkend, sondern leiblich übend, meinte Bothmer zu einem Sichbewußtwerden des Raumes und der Raumeskräfte – wie er es ausdrückte – zu kommen; denn er fühlte sich beim Üben im Bereich der am Menschenleib schaffenden geistigen Raumeskräfte.

Die Art, wie der Mensch um sich herum den lichten Ring des Horizonts und über ihn gespannt das Himmelsgewölbe erlebt, ist völlig entgegengesetzt dem Erlebnis, das er durch die Füße von der Erde hat. Oben empfängt er durch den Augensinn das Licht; unten tastet er im Dunklen der Erde. Indem der Mensch auf der Erde geht und steht, wird er von seinen Beinen wie auf zwei physischen Stützen getragen, auf denen sein Gewicht in die Schwere lastet. Wie kräftige Säulen sind die Beine, die sich mit den Erdenkräften im Unbewußten auseinandersetzen, um den schweren Leib in die Höhe zu tragen. Es spielen aber auch die wachen Kräfte des Bewußtseins in entscheidender Weise hinein, um den Leib aufrecht zu erhalten. Wenn sein Bewußtsein gleich einem Lichte gelöscht wird, fällt der Mensch zur Erde nieder. Er muß sich seiner Umgebung rings um sich herum bewußt sein, um richtig stehen und gehen zu können. In Wahrheit halten wir uns ebenso durch den in die Weite gerichteten Blick aufrecht, wie mit den Fußsohlen auf der Erde tretend. Unten ist ein Gebiet der Dunkelheit und der Schwere, oben ist die Helle, die Leichtigkeit, und das Aufrechtstehen verlangt ein dauerndes Ineinanderspiel, ein dynamisches Zusammenarbeiten der beiden polar entgegengesetzten Kraftgebiete.

Rudolf Steiner wies auf die Notwendigkeit hin, zu einer neuen Raumauffassung zu kommen, um das Lebendig-Geistige ideell zu begreifen. Zu den Urideen der modernen Projektiven Geometrie gehört die Einsicht in eine allwaltende

Polarität des Raumgefüges – den irdischen Raum und den diesen Raum durchdringenden Gegenraum. Die Gravitation geht aus von Massenzentren, insbesondere vom Mittelpunkt der Erde. Im Gegen- oder aetherischen Raum wirken kosmische Kräfte in polar entgegengesetzter Art. Das sind die Aufrichtekräfte; anstatt punktuell-zentrisch wirken sie ebenenhaft-peripher.

Arme und Hände sind einzig und allein dem Menschen eigen; sie sind vom Schwerewesen der Erde befreit; der aufrecht stehende Mensch kann seine Hände hochheben – der Sonne entgegen. Ihre Bewegungen sind dementsprechend. Während der Punkt im Raume sich wie eine Spitze stoßhaft fortbewegt, gleich einem fliegenden Geschoß oder einem fallenden Stein, bewegt sich die Ebene mit einer ganz anderen Geste. Das Ebenenhafte als solches wirkt *umhüllend;* die einzelne Ebene *schwebt* in ihrer ausgedehnten Ganzheit. In den Bothmer-Übungen sind stoßhafte Armbewegungen weniger zu sehen, während immer wieder erlebt wird, wie Arme und Hände in Ebenen liegen; indem sie sich bewegen, bewegt sich die ganze Ebene mit. Die Arme werden nicht starr und stramm vom Körper nach außen gestreckt, sondern man bekommt eher das Gefühl, wie wenn sie nach außen *gezogen* würden, um eingegliedert zu werden in die umschwebenden Ebenen. Ihrem Wesen nach reichen sie weit nach außen, bis zur Weltenperipherie – ebensoweit wie die die Welt miterlebende Seele. Es ist, wie wenn ein unsichtbarer Teil der Arme von den Weltenweiten nach innen reichte, den physischen Armen entgegen! In den Taten seiner Hände begegnet der Mensch seinem Schicksal; dieses ist wie die andere Seite seines Wesens in seiner Umgebung ausgebreitet und kommt ihm entgegen. Ein gesundendes, befreiendes Gefühl kann man haben, indem man ruhig dasteht, die Arme in die Horizontale ausgebreitet – in jene waagerechte Ebene, die etwa in der Region des Schlüsselbeins den Leib durchdringt und bis zum unendlichfernen Weltenhorizont sich dehnt. Man erlebt die Ebene weit über die physischen Arme hinaus und ist sich weniger der physischen Schwere und Spannung der Knochen und Muskeln bewußt; der Arm wird gleichsam von der Ebene getragen – von den Ätherkräften hochgezogen.

Wir berühren hier ein soziales Element. Im Ebenenbereich reichen die Menschen einander die Hände. Es können zwei Menschen nicht auf demselben Platz im Raume stehen; im Bereich ihrer Schwerezentren müssen sie sich egoistisch behaupten. Durch den Weltenhorizont sind die Menschen miteinander vereinigt; hier auf dieser Ebene fließen die sozialen Kräfte von Mensch zu Mensch. Pädagogisch, für die Gymnastik, ist dies bedenkenswert.

Bei diesem Sich-in-der-Ebene-fühlen spielen die Hände, besonders die Handfläche, eine große Rolle, und es macht in den Bothmer-Übungen z.B. sehr viel aus, ob sie nach oben, unten, vorne oder rückwärts gedreht sind. Die Handfläche schmiegt sich in die Ebene hinein; sie wird zum *Sinnesorgan,* um die Ebene zu spüren, wahrzunehmen. Mit einem Teil seines Wesens fließt man durch die Fingerspitzen hinaus in die unendliche Weltenweite. Im Lichte solcher Raumerlebnisse sind Bothmers Ausdrücke – wie «Weite» oder «Horizontale» – zu verstehen. Wenn er von den «drei Dimensionen» spricht, kommt man dem Sinn der Sache näher, wenn man weiß, daß die drei Dimensionslinien Ergebnisse sind von den drei Haupt*ebenen,* welche die Menschengestalt und die Welt geistig durchdringen. Nichts Statisches ist mit diesen geometrischen Ausdrücken gemeint, sondern ein Dynamisches. Die unsichtbaren, ideellen Ebenen sind Träger der Ätherraumeskräfte.

Wenn durch viel Übung ein vertieftes Erlebnis gewonnen wird von den mannigfaltigen Ebenen, die die menschliche Gestalt in ihrer Dreidimensionalität durchweben, wenn erlebt wird, wie das erwachende Bewußtwerden der hereinspielenden Weltenweiten die Qualität der menschlichen Bewegung beeinflußt, dann beginnt das Erkennen des Ätherischen aufzuleuchten. Die Ebenen werden dann nicht mehr im bloß euklidischen Sinn als begrenzende Gebilde erlebt. Der Mensch spürt nicht nur das Massenhafte seines Leibes und ist weniger an dessen physische Schwere gebunden.

Der gesunde Mensch lebt mit Ich und Gemüt im Gleichgewicht zwischen Kosmos und Erde. In der Gymnastikstunde und sonst überall im Leben sieht man, wie das Kind, besonders vor der Geschlechtsreife, freudig-unbewußt die Kräfte seines Leibes in Schwere und Leichtigkeit erlebt. Freude an der Bewegung sollen die Kinder erleben. Wie sie stampfen können, und wie gerne sie von der Erde fortkommen, um irgendwie durch die Luft zu fliegen! Das unbewußte Gleichgewichts-Erlebnis des Kindes muß beim Erwachsenen zum bewußten Eigentum werden; das ist eines der Ziele der Bothmer-Gymnastik.

Wenn man das wunderbare Phänomen des Stehen- und Gehenlernens hingebungsvoll beobachtet, sieht man, wie es das Kind gleichzeitig mit zwei Welten zu tun hat; mit der Welt der eigenen körperlichen Schwere und mit der Welt des

Umkreises, die es um sich herum sieht. Es ringt letzten Endes um einen Gleichgewichtszustand zwischen diesen beiden. Zunächst muß es fest aufstehen lernen auf den Beinen; dann versucht es, mit ausgestreckten Armen, tastend, in die Umgebung zu gehen. Welch eine Wahrheit erklingt in den Worten des ersten Reigens, mit welchem Bothmer seine Kinder im 9. Lebensjahr in die Gymnastikstunde einführte: «Wir kommen von der Weite her, gelaufen und gesprungen.» Tatsächlich kommt das Kind von der Weite her und muß sich im Zentrum erst finden. Wahrhaftig ist das kleine Kind peripherisch vielmehr als zentrisch getragen. Aus seiner Umgebung kommt die Kraft – eine ganz andersartige Kraft –, die es trägt. Und wenn das Kind einmal hinfällt, welch ein Hinfallen ist das! Die kleine Gestalt liegt wie losgelassen am Boden, wie wenn die Fäden einer Marionette abgerissen wären, und wartet, bis es wieder auf die Füße gestellt wird. Und doch waltet hier eine unglaubliche Sicherheit; wie oft hat man zu denken, wie bei den ersten Schritten des kleinen Kindes ein Engel dabei steht. Man möchte es so aussprechen: von der Sternenwelt, von den Göttern, wird das Kind in den ersten Lebensjahren getragen. In die tragenden Ätherkräfte, die das ganz kleine Kind umgeben, sind die Hände Gottes einverwoben, die es aufrecht halten – die kosmischen Kraftflächen des Unendlichen.

Allmählich im Laufe seiner Entwicklung kommt der Mensch dazu, in Wahrheit von seiner Aufrechten sprechen zu können. Aus der Lichteswelt kommend, steigt er in die Dunkelheit der Erde hinein und wird der schweren Finsternis übergeben. Dann muß er aus eigenen Kräften das geistige Licht in der Dunkelheit der Erde zünden und es forttragen, wieder in die Höhen hinauf. Der Mensch muß losgelassen werden von den Göttern, um in den Tiefen selber göttliche Kräfte zu erwerben; darin liegt seine Freiheit. Die Aufrichtekraft muß er in sich selber finden lernen. Aber in keinen physischen Stab soll er gekettet werden, sei es der starre Intellekt oder das Irdische des Leibes. Der geistige Stab im Inneren zwingt nicht, sondern er muß in eigener Tätigkeit immer wieder neu erstehen, denn er bedeutet einen lebendigen, immer werdenden Prozeß der Entfaltung. Der Leib wird zum Tempel des Menschen-Ichs, und wenn das Ich frei im Tempel wohnen will, muß Gleichgewicht herrschen zwischen Höhen und Tiefen; es muß Harmonie dasein in Denken, Fühlen und Wollen, aber eine aktive Harmonie. Diesem Werdeprozeß als Diener beizustehen, sah Bothmer als Aufgabe der gymnastischen Erziehung. Wieder sei hier an seine Worte erinnert: «Wir können entdecken, daß sich der Raum in unserer Bewegung selbst ausspricht als ein geistiges Geschehen und daß unser Körper, der uns den Raum vermittelt, selbst ein Teil dieses Geschehens ist.»

Im zweiten Jahrsiebent ist die wunderbare Zeit, wo das Kind harmonisch dasteht zwischen Himmel und Erde. Wie läuft und springt und klettert ein Kind von neun oder zehn Jahren – mit Leichtigkeit und Getragenheit und viel Geschick! Es zeigt seine Gewandtheit im Bereich der Erdenkräfte, doch scheint all dies nur halb bewußt, halb instinktiv zu sein. Der Gymnastiklehrer weiß wohl, daß er jetzt mit einer Art innewohnender Sicherheit rechnen kann, welche er später nicht ohne weiteres erwarten darf. Dann aber kommt eine entscheidende Metamorphose, die Zeit der Pubertät, wo alles schwer werden kann. Der junge Mensch ist sich seines Leibes sehr bewußt geworden, wiewohl es ihm fremd und lästig ist. Der Leib läßt ihn nicht mehr los. Die Flügel sind geschnitten, und er ist gefangen. Es ist als wenn das Lichtwesen des Menschen tief hineingestiegen wäre in seinen Leib; die Individualität muß sich auseinandersetzen mit den starren Kräften des Skeletts. Alles wird schwankend. Es ist leider gerade in unserer Zeit nicht unmöglich, daß hier der wahre Mensch im Physisch-Irdischen verlorengeht. Von großer Bedeutung ist es, wie vor und während dieser Jahre der Tempel des Leibes von den Erziehern behandelt wird. Wenn nur mit den Gesetzen des Irdisch-Physischen gearbeitet wird, werden Steinmauern gebaut und der Geist entweder ein- oder ausgesperrt. Man denke nur an das leibgebundene Denken von heute und die Verwüstung des moralischen Lebens. Unter allen anderen Fächern einer Rudolf-Steiner-Schule kann hier die Bothmer-Gymnastik eine kräftige Rolle zum Heil der Menschheit spielen. Durch die vorangehenden Jahre hat sich das Kind in jene Übungen eingelebt, welche von Bothmer als «Spiel zwischen Schwere und Leichtigkeit» bezeichnet wurde. Nicht durch Worte, sondern durch einfaches *Tun* ist ihm sein kindliches Vertrauen auf die Weltenebenen geblieben, während es immer kräftiger in die Erde hinuntergestiegen ist. Es folgt nun die Übung mit ihren Variationen, welche Bothmer den «Fall in die Schiefe Ebene» oder «Fall in den Raum» genannt hat.

Diese Übung bedeutet kein leichtes Spielen mehr um die gleichsam Gottgegebene Horizontalebene zwischen Höhe und Tiefe. Im Geiste unserer Betrachtung erlebt und verstanden, handelt es sich um ein ernsthaftes Sich-finden und Erkennenlernen im Zentrischen und Peripherischen der Bewegung. Die

Übung besteht in einem Fall, der aber noch nicht bis in die irdischen Tiefen geht, sondern in eine *vom Menschen aus bestimmte Ebene.* Die Kraft der Ebenen wird jetzt erprobt! Diese Übung wird herangebracht zur Zeit, wo das Schwanken erst anfängt, *ehe* das Kind die Flügel wirklich verloren hat; noch fließen ihm die tragenden Kräfte seines Ursprungs zu, aber es kommt ein Vorahnen von etwas Neuem, denn das Leben erfordert jetzt ein mehr selbständiges Verhalten. Viel kann bei dieser Übung erreicht werden, wenn der Lehrer die Ebenen wirklich als tragend erlebt. In Bothmers Worten: «Der Übende gewinnt dabei ein nicht mehr den Raumrichtungen unterworfenes, sondern von der menschlichen Gestalt bestimmtes, freies Gleichgewicht.» Zu den Kindern sagte er um diese Zeit: «Ich stehe aufgerichtet, fest auf dem Boden, das Spielbein frei zum Schritt.»

Dann bringt Bothmer die Übung, die er «Fall in den Punkt» nennt. Denn der Mensch fällt aus dem wunderbaren, von den Lichtesebenen durchwobenen Sonnenhaften des Daseins in die enge Zusammengezogenheit des Schwerezentrums der Erde. Im Erdenraum ist das Kreuz aufgerichtet worden.

Es folgt die Fülle der Übungen, an denen durch die «Flegeljahre» hindurch gearbeitet wird, wobei in den Bewegungen immer wieder die Kräfte der Tiefen erlebt und erobert werden. Ein Ergreifen und Überwinden des körperlichen Widerstandes geschieht durch Willenskraft, die vom Bewußtsein angespannt und durchleuchtet wird. Den peripherisch-sphärischen Kräften werden in den Bewegungen räumlich und rhythmisch Formung gegeben; wie Bothmer sagt: «Blick und Bewegung auf das Ziel sind frei geworden». Der Übende erlebt sein Menschentum im Raume, – in jenem wahren, lebendigen Raume, der die schaffenden Kräfte enthält. In diesen Übungen sieht der ungeschulte Zuschauer das reine Wunder des Räumlichen in der sich bewegenden Menschengestalt. Derjenige, der mit geschultem Auge zuschaut, sieht, wie die kosmischen Ebenen aus den Bewegungen herausleuchten. Zu den jungen Menschen sagte Bothmer: «Ich stehe aufrecht fest auf dem Boden im Bewußtsein der Richtungen des Raumes und seiner wölbenden Kräfte», und: «Die sich und mich durchdringenden Raumesrichtungen lasse ich als Willenskräfte in meinem Bewußtsein weiterleben. Ich stehe.»

Der Lehrer steht in den Gymnastikstunden dem Ich des Schülers direkt gegenüber ... Er arbeitet durch den physischen Leib auf das Ich (R. Steiner); an dem Ich, das in die Bewegungskräfte eingreift.

Nach der Geschlechtsreife entsteht allmählich wieder ein Zustand des Äquilibriums, dessen Charakter aber ganz verschieden ist gegenüber dem des kleinen Kindes. Ein junges Mädchen z.B. von siebzehn, achtzehn Jahren kann eine Schönheit und Grazie zeigen, auch eine Kraft, wobei man das Gefühl hat, es scheint durch das ganze Benehmen die tragende Individualität hindurch. Die Ichkräfte beginnen sich zu offenbaren; es ist wie ein leises Versprechen. Junge, edle, kontrollierte Kräfte offenbaren sich; der junge Mensch geht zielbewußt seine Wege, mit sprunghaftem Schritte. Er ist der Ausdauer fähig und will sich gerne ausprobieren. Die jetzt freigewordenen Denkkräfte können harmonisch hineinspielen in den Willen; es erwacht der Idealismus der Jugend. Der Blick schaut nunmehr in die Weite und ist bereit, die Wege des Schicksals im sozialen Leben aufzusuchen.

Mit dem einundzwanzigsten Jahre geht der volle Mensch seinen weiteren Weg auf der Erde. Seine Entwicklung, die körperlich bis zu einer gewissen Vollendung gekommen ist, geht nun auf anderen Gebieten weiter. Die Zyklen des Lebens werden immer wieder Proben stellen. Was aber in diesen Jahren erreicht worden ist, bleibt als Fundament für das ganze Leben. Das Licht des Ichwesens wird weit in die Welt leuchten können, und die Welt wird antworten. Bescheiden drückt sich Bothmer aus, wenn er von dem «größeren Menschen» spricht, der die tote Vorstellung der Dimensionen überwinden wird. «Im Kräftespiel der Bewegung einen größeren Menschen im unbegrenzten Raum erstehen und den begrenzten menschlichen Körper immer mehr und mehr in jenes Idealbild hineinwachsen, sich hineinrichten und formen zu lassen, ist das Wesen dieser gymnastischen Erziehung.»

Wie man sich von Raum und Gegenraum eine innere Anschauung erarbeiten kann

Arnold Bernhard

Als Erdenmenschen leben wir in Raum und Zeit. Diese Tatsache erleben wir mehr oder minder bewußt. Um zu einem bewußteren Erleben des Raumes zu kommen, gibt es zwei Wege, den der Gymnastik und den der Geometrie. Durch gymnastisches Üben kann der Raum als Kraftgestalt erlebt werden, durch geometrisches Sinnen kann er als Idee innerlich geschaut werden.

Vom Verhältnis der beiden Wege handelt der Aufsatz von Olive Whicher.

In diesem Abschnitt sollen einige grundlegende geometrische Betrachtungen zu eigenem Zeichnen und Nachsinnen anregen. Dabei muß man sich vor Augen halten, daß eine einmalige Lektüre nicht genügen kann. Soll jene innere Anschauung des Raumes entstehen, so müssen gewisse Vorstellungsreihen innerlich immer wieder aufgebaut werden. So wie eine gymnastische Übung leichter und geschmeidiger geht, je öfter man sie wiederholt, so kann die geometrische Anschauung durch wiederholtes Üben immer klarer und lebendiger werden. Viel Glück beim eigenen Tun!

Zwei Zeichenübungen

1. Übung: Wir konstruieren ohne Zirkel, nur mit dem Lineal, *Punkte* einer Ellipse

Wählen Sie irgendwelche 5 Punkte A, B, C, D, E und verbinden sie die Punkte zum Fünfstern (Fig. 1a). Die Strahlen des Fünfsterns nennen wir a, b, c, d, e.

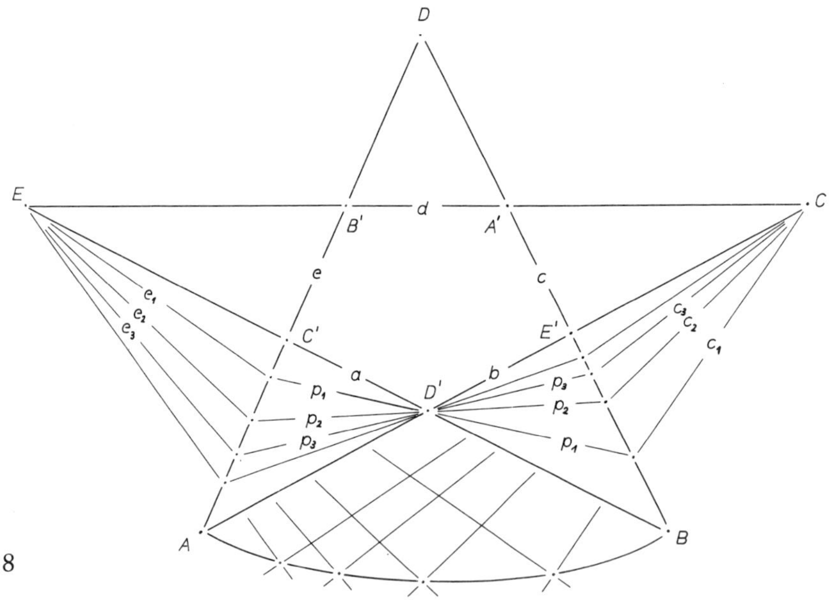

Fig 1a

Diese Strahlen schneiden wir innen rund herum miteinander und erhalten die inneren Ecken A', B', C', D', E'. Durch die Ecke D' wählen wir eine Folge von beliebigen Strahlen p_1, p_2, p_3, ...; diese schneiden wir mit den beiden Sternstrahlen e und c. Auf e und c entsteht je eine Punktreihe. Die Punkte dieser Reihe verbinden wir mit den Sternecken E und C und erhalten die Strahlen e_1, e_2, e_3, ... und c_1, c_2, c_3, ... Wenn wir jetzt entsprechende Strahlen (e_1 und c_1, e_2 und c_2, e_3 und c_3, ...) miteinander schneiden, so liegen diese Schnittpunkte auf einem *Kurvenbogen.* Und führt man genau die gleichen Konstruktionsschritte ausgehend von den Ecken A', B', C' und E' durch, so schließen sich diese Kurvenbögen zu einer exakten Ellipse! (In Fig. 2a sind die Konstruktionsschritte durchgeführt von der Ecke A' aus, in Fig. 3a rundherum durchgeführt, ohne Bezeichnungen). Die Figuren werden übersichtlicher, wenn man die Strahlen e_1, e_2, e_3, ... c_1, c_2, c_3, ... usw. nicht durch die Sternzacken durchzieht, sondern sie unterbricht.

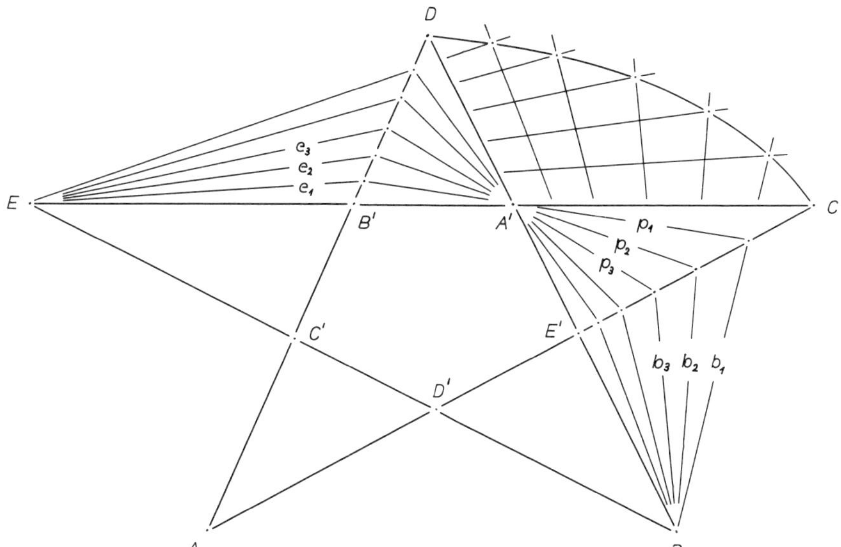

Fig 2a

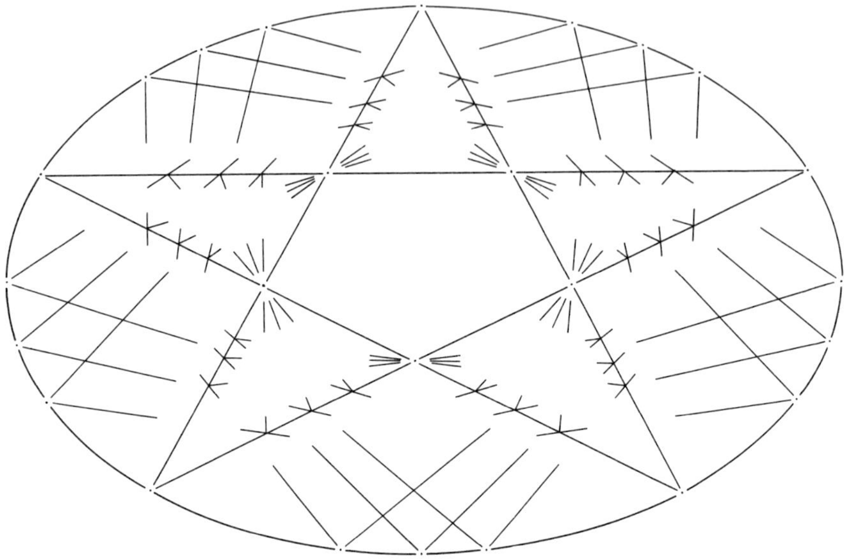

Fig. 3a

2. Übung: Wir konstruieren ohne Zirkel, nur mit dem Lineal, *Geraden* (Tangenten) einer Ellipse

Wählen Sie irgendwelche 5 Geraden a, b, c, d, e; sie sind die Strahlen eines Fünfsterns (Fig. 1b). Die Ecken des Sterns nennen wir A, B, C, D, E. Diese

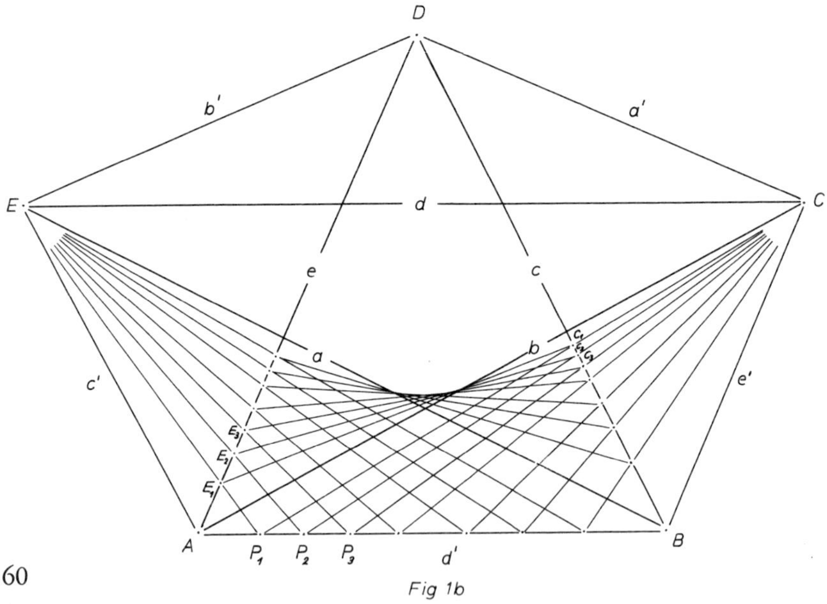

Fig 1b

Ecken verbinden wir außen rundherum und erhalten die äußeren Seiten a', b', c', d', e'. Auf der Seite d' wählen wir eine Folge von beliebigen Punkten P_1, P_2, P_3, ... (in gleichen oder ungleichen Abständen) ; diese Punkte verbinden wir mit den beiden Sternecken E und C. Ein Strahlenbüschel führt auf die Ecke E hin und eines auf die Ecke C. Die Strahlen dieser Büschel schneiden wir mit den beiden Sternstrahlen e und c und erhalten die Schnittpunkte E_1, E_2, E_3, ... und C_1, C_2, C_3, ... Wenn wir jetzt entsprechende Punkte (E_1 und C_1, E_2 und C_2, E_3 und C_3, ...) miteinander verbinden, so hüllen diese Verbindungsgeraden einen Kurvenbogen ein. Und führt man genau die gleichen Konstruktionsschritte ausgehend von den Seiten a', b', c', und e' durch, so schließen sich diese Kurvenbögen zu einer exakten Ellipse! (In Fig. 2b sind die Konstruktionsschritte ausgeführt von der Seite a' aus, in Fig. 3b rundherum durchgeführt, ohne Bezeichnungen). In Figur 3b sind von den Strahlen durch die Ecken immer nur kleine Stücke gezeichnet; die Zeichnung wird so übersichtlicher, als wenn man die Strahlen ganz durchzeichnet. Durch Anlegen eines Lineals erkennt man sofort, welche Stücke zusammengehören.

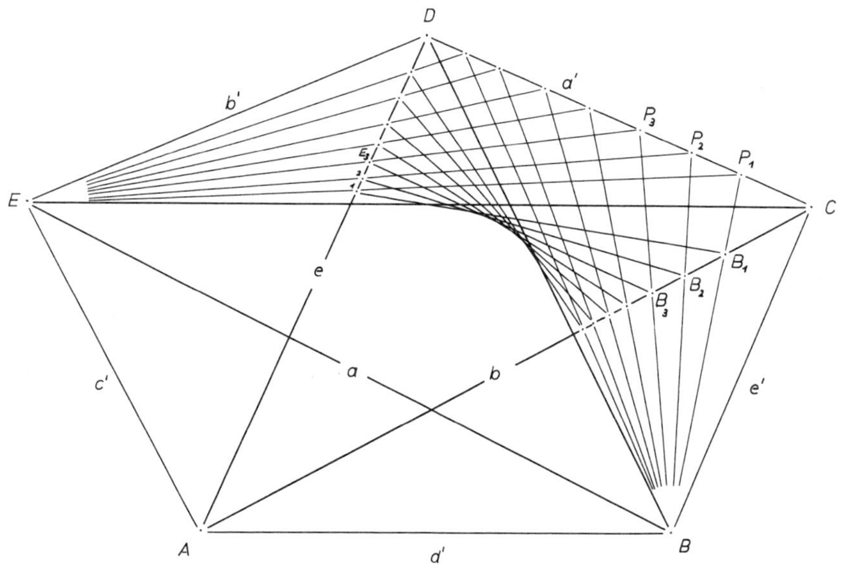

Fig 2b

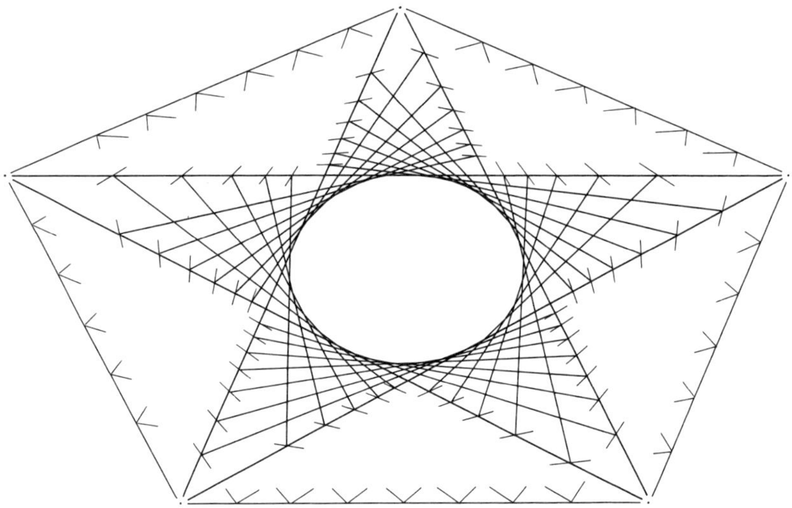

Fig 3b

Das Dualitäts- oder Polaritätsgesetz

Diese beiden Texte reizen zu einem exakten Vergleich. Wo im einen Text *die Begriffe Punkt oder Ecke* vorkommen, da stehen im anderen *die Begriffe Strahl, Seite oder Gerade.* Wo beim Aufbau der einen Figur *Punkte miteinander verbunden* werden, da werden bei der andern *Geraden miteinander geschnitten.* Liegen bei der einen Figur *Punkte in einer Geraden,* so gehen bei der andern *Geraden durch einen Punkt.*

Die einen Figuren (1a, 2a, 3a) fangen wir an mit 5 Punkten, A, B, C, D, E und verbinden sie miteinander (Verbindungsgeraden a, b, c, d, e,); die andern (1b, 2b, 3b) fangen wir an mit den 5 Geraden a, b, c, d, e und schneiden sie miteinander (Schnittpunkte A, B, C, D, E). Bei der Figur 3a erhalten wir als Endergebnis *Punkte,* die auf der Ellipse durch A, B, C, D, E liegen; bei der Figur 3b erhalten wir zum Schluß *Geraden,* die die Ellipse einhüllen, die von den Geraden a, b, c, d, e eingeschlossen ist.

Wo bei der einen Figur *Punktreihen* auftreten (Fig. 1b; P_1, P_2, P_3, ... auf d'), finden wir bei der andern *Strahlenbüschel* (Fig. 1a; p_1, p_2, p_3, ... durch D').

Die Entsprechung ist ganz lückenlos; man sagt die Figuren 1a, 2a, 3a und 1b, 2b, 3b, seien *dual* oder *polar* zueinander. Und es ist wohl eine der wichtigsten geometrischen Entdeckungen der Neuzeit, daß es zu *jeder* Figur und *jeder* Konstruktion die duale oder polare gibt.

Diese Tatsache nennt man das *Dualitäts- oder Polaritätsgesetz: Alle geometrischen Figuren, Konstruktionen und Lehrsätze kommen gepaart vor; sie entsprechen sich gemäß der Tabelle:*

Punkt	entspricht	Gerade	(geometrische Grundelemente)
verbinden	entspricht	schneiden	(geom. Grundoperationen)
«liegen in»	entspricht	«gehen durch»	(Lagebeziehung)

So lautet das Dualitätsgesetz für *ebene* Figuren. Für *räumliche* Figuren werden wir es an einer Stelle erweitern müssen. Es gibt auch Figuren, die zu sich selbst polar sind.

Polarität am Kreis

Durch einen Kreis (man nennt ihn einen *polarisierenden Kreis*) kann *jedem Punkt* der Ebene eine *bestimmte Gerade* zugeordnet werden (Fig. 4). Man ziehe vom Punkt A aus die Tangenten t_1 und t_2 an den polarisierenden Kreis und verbinde die beiden Berührpunkte B_1 und B_2 miteinander. Diese Verbindungsgerade der Berührpunkte nennt man die *Polare a* des Punktes A; umgekehrt nennt man A den *Pol* der Geraden a. *Pol und Polare sind einander dual (polar) zugeordnet.*[1]

1 Die genaue Konstruktion der Berührpunkte B_1 und B_2 erfolgt mit Hilfe des *Thaleskreises* über der Strecke AM (Fig. 14). In Figur 15 sind die Polaren der Punkte ... A_{-1}, A_0, A_1 ... der Geraden b gezeichnet. Sie gehen durch einen Punkt B; B ist der Pol von b. Die Mittelpunkte ... M, M, M, ... der Thaleskreise liegen auf der Geraden m. Von den Thaleskreisen sind immer nur kleine Bogen gezeichnet (Fig. 14 u. 15 auf S. 164).

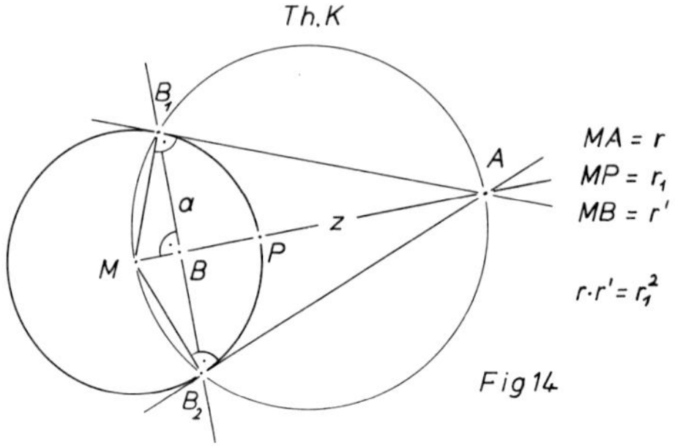
Th.K
B1
A
MA = r
MP = r1
MB = r'
a
z
M
B
P
r·r' = r1²
B2

Fig 14

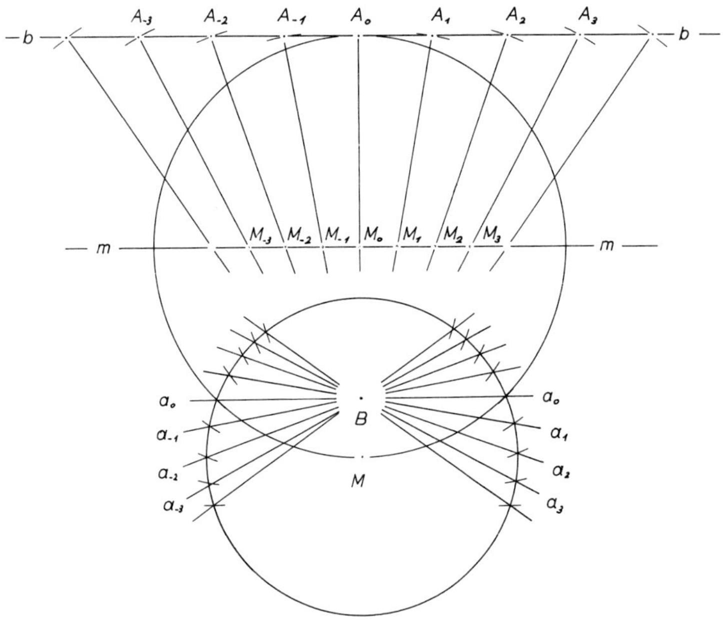
A-3
A-2
A-1
A0
A1
A2
A3
b
b
m
M-3
M-2
M-1
M0
M1
M2
M3
m
a0
a-1
a-2
a-3
B
M
a0
a1
a2
a3

Fig 15

Liegt der Punkt A nah am Kreis, so liegt die Polare a auch nah an der Kreislinie (Fig. 5). Liegt der Punkt A auf der Kreislinie selbst, so ist seine Polare die Kreistangente in A (Fig. 6). Bewegt sich der Punkt A weit von der Kreislinie nach außen, so nähert sich die Polare a dem Kreismittelpunkt M (Fig. 7).

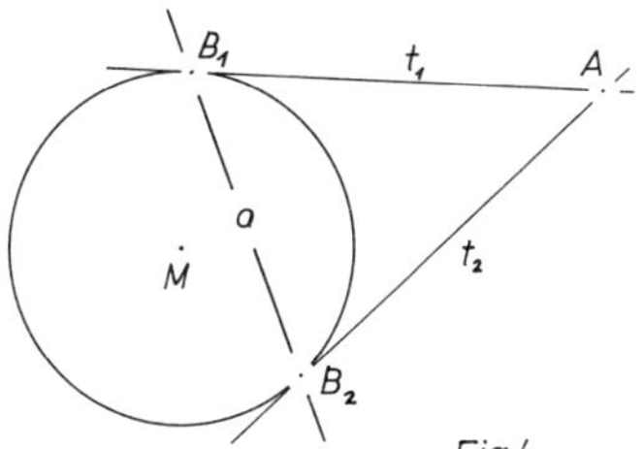

Fig 4

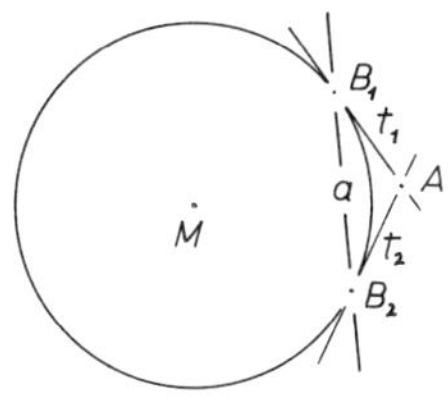

Fig 5

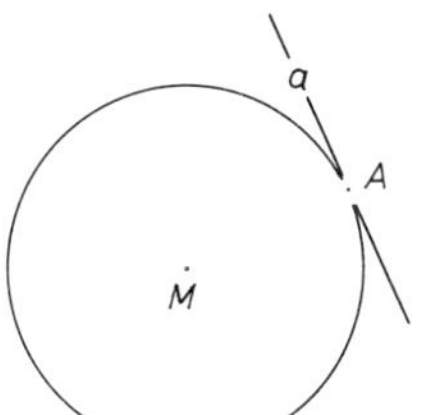

Fig 6

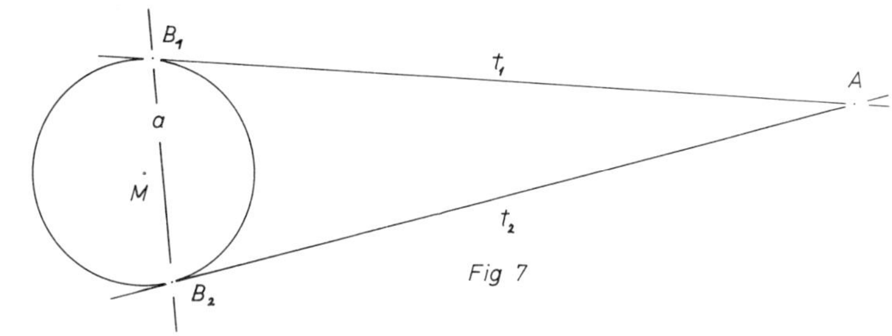

Fig 7

In Figur 8 ist zum polarisierenden Kreis K_1 (stärker ausgezogen) ein konzentrischer Kreis K_2 gezeichnet. Von 6 regelmäßig verteilten Punkten A_1, A_2, A_3, …, A_6 des Kreises K_2 sind die Polaren a_1, a_2, a_3, …, a_6 konstruiert; diese hüllen ihrerseits einen Kreis K_2' ein. Die gleiche Konstruktion ist in Figur 9 mit 12 Punkten durchgeführt; damit das Resultat (außen Punktkreis – innen Hüllkreis) deutlich hervortrete, sind die zur Konstruktion benützten Tangenten nicht ausgezogen.

Figur 10 zeigt zum polarisierenden Kreis K_1 (Radius r_1) Punktkreise K_2, K_3, K_4, … mit den Radien $2r_1$, $3r_1$, $4r_1$, … Die polaren Kreise K_2', K_3', K_4', … (sie sind als Hüllkreise zu denken) haben die Radien $\frac{1}{2}r_1$, $\frac{1}{3}r_1$, $\frac{1}{4}r_1$, … Dem Punktkreis mit Radius $100\, r_1$, ist der Hüllkreis mit Radius $^1/_{100}\, r_1$ polar zugeordnet. Die Punktkreise streben nach außen ins Unendliche; die Hüllkreise streben nach innen auf das Strahlenbüschel durch den gemeinsamen Mittelpunkt der Kreise

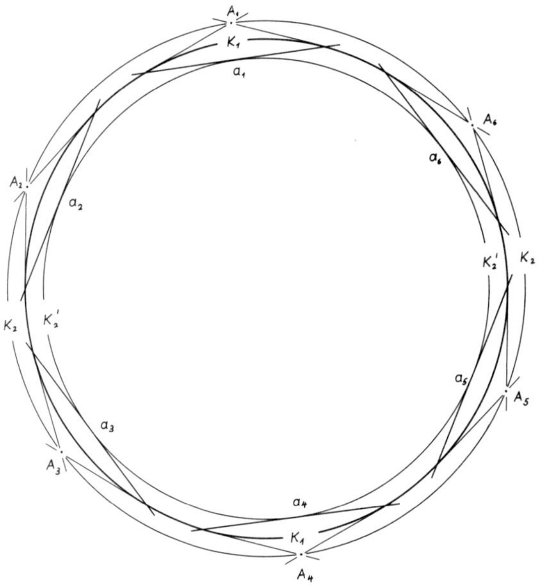

Fig 8

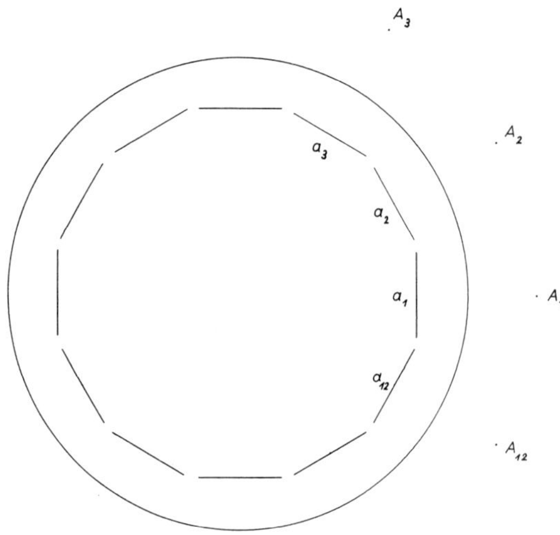

Fig 9

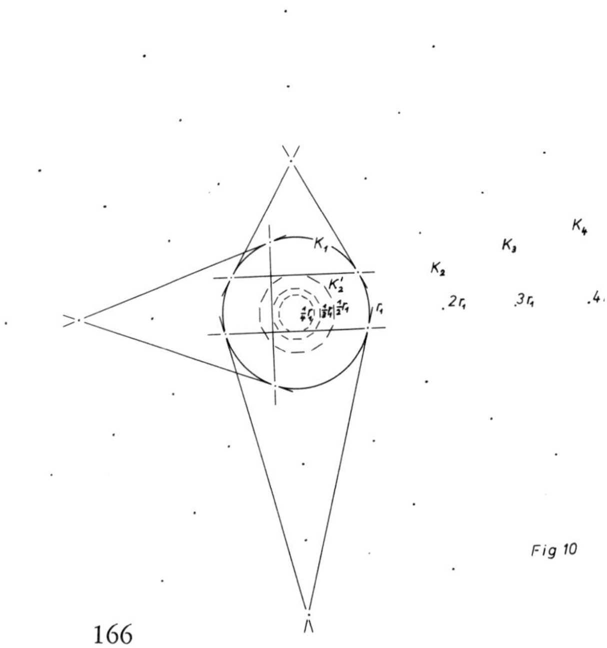

Fig 10

zu. Weil die polaren Kreise K_2', K_3', K_4', ... schnell einen sehr kleinen Radius bekommen, ist es technisch unmöglich, sie alle als Hülle von Tangenten zu zeichnen.[2]

Bis jetzt haben wir nur die Polare von Punkten betrachtet, die außerhalb des polarisierenden Kreises liegen. Von einem Punkt B im Innern des Kreises (Fig. 11), kann man keine Tangenten an den Kreis zeichnen. Für einen solchen Punkt findet man die Polare durch die folgende Konstruktion. Man verbinde B mit dem Kreismittelpunkt M und ziehe zu dieser Verbindungsgeraden (Zentrale z) die Senkrechte a durch B. In den Schnittpunkten B_1 und B_2 der Geraden a mit dem Kreis ziehe man die Tangenten t_1 und t_2. Diese schneiden sich auf der Zentralen im Punkte A. Durch A zeichne man die Senkrechte b zu z. Diese Gerade b ist die Polare von B, und B ist der Pol von b. (a ist natürlich die Polare von A.)

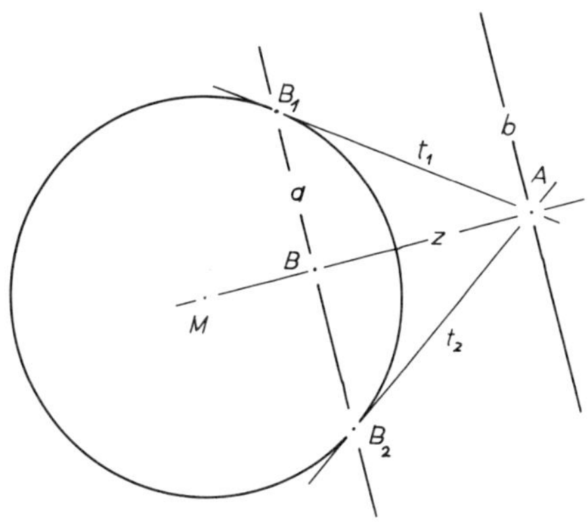

Fig11

2 Die Lage der Polaren ist durch zwei Gesetze bestimmt: Erstens: Die Polare a des Punktes A steht senkrecht zur Zentralen z (z = Verbindungsgerade AM). Zweitens: für die Abstände zum Mittelpunkt gilt das Gesetz

$$r \cdot r' = r_1^2$$

$$r = AM \qquad r' = BM \qquad r_1 = PM \qquad \text{(Fig. 14)}$$

Dieses Gesetz gilt nach dem Kathetensatz von Euklid: In einem rechtwinkligen Dreieck ist ein Kathetenquadrat ($MB_1^2 = r_1^2$) flächengleich mit dem Rechteck gebildet aus Hypotenuse (AM) und anliegendem Hypotenusenabschnitt (BM).

In Figur 12 (gleiche Maße wie Figur 10) fassen wir jetzt die inneren Kreise K½, K⅓, K¼, ... als Punktkreise auf. Von den auf ihnen liegenden Punkte sind die Polaren konstruiert. Diese hüllen jetzt die äußeren Kreise K½′, K⅓′, K¼′, ... ein. Ziehen sich die inneren Kreise bis auf den Mittelpunkt zusammen, so bewegen sich die Polaren ihrer Punkte immer mehr nach außen. Der Kreis, den sie einhüllen, bekommt einen immer größeren Radius; er wird schließlich unendlich groß. Wird aber der Radius eines Kreises unendlich groß, so verliert er seine Krümmung und wird zur Geraden, hier zur unendlichfernen Geraden. Alle Geraden, die die äußeren Kreise einhüllen, entfernen sich unbegrenzt und werden alle zur unendlichfernen Geraden, wenn die Punktkreise sich so zusammenziehen, daß alle ihre Punkte in den Mittelpunkt hineinfallen. Diese Betrachtung führt auch dahin, einen Hüllkreis im richtigen Sinn zu betrachten. Der polarisierende Kreis kann zugleich als Punktkreis wie als Hüllkreis aufgefaßt werden; er ist zugleich K_1 und K_1'. Für den Punktkreis ist es uns ein selbstverständliches Erleben, was sein Inneres und was sein Mittelpunkt ist. Sein Inneres ist eine Scheibe, auf der wir uns oft Punkte denken, unter denen es einen inner-

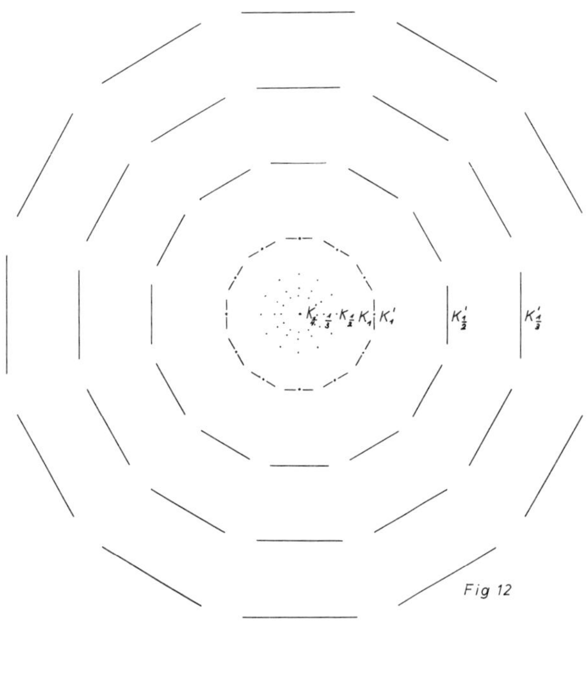

Fig 12

sten – eben den Mittelpunkt – gibt. Das Innere des Hüllkreises K_1' ist dasjenige Gebiet der Ebene, auf dem die Polaren der inneren Punkte von K_1 liegen, d. h. dasjenige Gebiet, das wir sonst als das äußere bezeichnen. Unter den Strahlen, die auf diesem Gebiete liegen, gibt es einen innersten – die unendlich ferne Gerade – die Polare des Punktes M. Sie ist der Mittelstrahl aller Hüllkreise. Wenn sich die Strahlen der Hüllkreise nach außen bewegen, so ist dies genau so ein *Zusammenziehen* auf die unendlichferne Gerade hin, wie wenn sich die Punkte der Punktkreise auf den Mittelpunkt hin zusammenziehen.[3]

Hier ist auch der Ort von *Raum und Gegenraum* zu sprechen. Das sich Zusammenziehen der Hüllkreise geht im Gegenraum vor sich, so wie sich die Punktkreise im gewöhnlichen Raum auf den Mittelpunkt zusammenziehen. So wie im Raum $K\,1/4$ der kleinere Kreis ist als $K\,1/3$ und dieser kleiner als $K\,1/2$, so ist der Kreis $K\,1/4'$, im Gegenraum kleiner als $K\,1/3'$ und dieser kleiner als $K\,1/2'$ usw., denn diese Kreise sind von der unendlichen Peripherie aus nach innen gestaltet. Im Raum sind wir es gewohnt, uns selbst als relativen Mittelpunkt zu erleben, von dem aus wir wie von einem Kreismittelpunkt aus in die unendliche Weite schauen. Den Gegenraum erleben wir in unserem Beispiel richtig, wenn wir den unendlichen Umkreis als die relative Mitte empfinden, von der aus in eine unendliche Weite nach innen zum Punkt M hin geschaut werden kann. Dieser Punkt M wird auch der *absolute Mittelpunkt* des Gegenraumes genannt. Der gewöhnliche ebene Raum ist dadurch gekennzeichnet, daß er eine unendlichferne Gerade hat; dual dazu: der Gegenraum ist dadurch charakterisiert, daß er einen absoluten Mittelpunkt hat.

Wir können jetzt auch die Figur 10 im richtigen Sinn sehen: so wie die Kreise K_2, K_3, K_4, ... im Raum immer größer werden und ins Unendliche des Raumes streben, gegen die unendlichferne Gerade hin, so werden die Kreise K_2', K_3', K_4', ... im Gegenraum immer größer und streben ins Unendliche des Gegenraumes, auf den absoluten Mittelpunkt zu.[4]

3 Es würde den Ramen dieser Betrachtung sprengen, wenn hier die Einführung der unendlichfernen Elemente in aller Breite entwickelt würde; dies ist in vielen Büchern durchgeführt, z.B. im erstgenannten Werk der Anmerkung 5.

4 Die Radien $1/2 r_1$, $1/3 r_1$, $1/4 r_1$, ... von K_2', K_3', K_4', ... sind im gewöhnlichen Raum gemessen. Eigentlich müßte man sie im Gegenraum messen; wird dies in sachgemäßer Art durchgeführt, so erhalten sie die Radien $2r_1'$, $3r_1'$, $4r_1'$, ...

Dieses sich Zusammenziehen oder Ausdehnen der Kreise und Gegenkreise (Hüllkreise) kann leicht in den dreidimensionalen Raum übertragen werden. Statt eines polarisierenden Kreises stelle man sich eine *polarisierende Kugel* vor. Von einem Punkt A aus denke man sich alle Tangenten an die Kugel gelegt (Fig. 13). Diese liegen auf einer Kegelfläche. Die Tangenten berühren die Kugel längs eines Kreises; die Ebene, in der dieser Kreis liegt, werde dem Punkt A dual zugeordnet; man nennt sie die Polarebene a von A, und A den Pol von a. Im Raum sind also den Punkten Ebenen zugeordnet. (Den Geraden entsprechen im Raum wieder Geraden.) Für einen im Inneren der polarisierenden Kugel liegenden Punkt B gehe man umgekehrt vor: Zentrale z, senkrecht zu z die Ebene a, den Tangentenkegel mit Spitze A auf z, Ebene b senkrecht zu z durch A.

Die Figuren 10 und 12 kann man sich jetzt leicht räumlich vorstellen: K_1, K_1' sei die polarisierende Kugel mit den sie einhüllenden Tangentialebenen. K½, K⅓, K¼, ... Punktkugeln im Inneren der polarisierenden Kugel, K½′, K⅓′, K¼′, ... die polaren Hüllkugeln. Ziehen sich die Punktkugeln im Raum auf den Mittelpunkt M zusammen, so ziehen sich die Hüllkugeln im Gegenraum auf die unendlichferne Ebene zusammen.

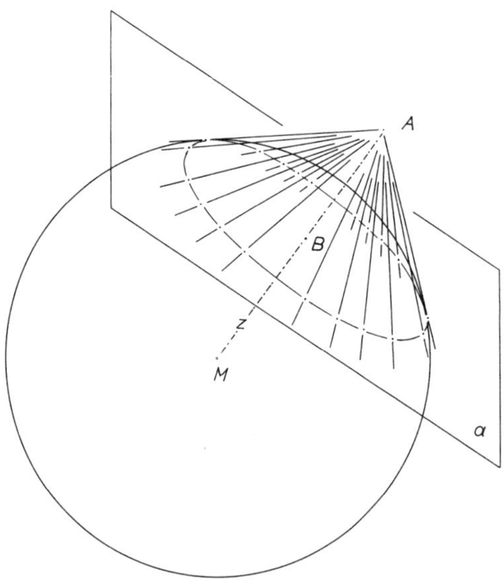

Fig 13

Nun kann man mit diesen rein geometrischen Vorstellungen auch Vorstellungen von Kräften verbinden: Die polarisierende Kugel denke man sich als die *Erdkugel.* Auf der Erde liegen Steine; diese haben geometrisch Punktcharakter. Sie unterliegen der *Schwere,* d. h. einer Kraft, welche sie in Richtung auf den Erdmittelpunkt in Bewegung versetzen möchte. Rundherum um die Erde wirkt diese Kraft. Sie will eigentlich alle irdische Materie in den Mittelpunkt hineinziehen.

Man denke sich eine zur Schwere duale Kraft: sie müßte die Tendenz haben, Ebenen auf die unendlichferne Ebene hin in Bewegung zu setzen; rundherum Ebenen von der Erde wegzuziehen. Eine solche Kraft kann man als saugend empfinden. Kann man nicht jeden Frühling diese Kraft wirken sehen? Pflanzen werden aus der Erde herausgesaugt; das Hauptorgan der Pflanze, das Blatt, hat doch Ebenencharakter. Es strebt von der Erde weg; eine Kraft - sie sei sinngemäß *Leichte* genannt - zieht es hinaus gegen die Weite des Kosmos.

Wir sind uns einseitig der Schwere bewußt; wir sollten uns der Leichte ebenso bewußt werden. Man stelle sich in der inneren Anschauung immer wieder die sich nach außen zusammenziehenden Hüllkugeln vor. Dies ist der gedankliche Weg, sich ein geometrisches Bild der Wirkensweise der Leichte zu verschaffen.

Wer den Weg des geometrischen Nachsinnens gründlicher beschreiten möchte, dem seien die in Anmerkung[5] angeführten Bücher empfohlen.

5 Für ein eingehenderes Studium seien empfohlen:
Louis Locher-Ernst: Raum und Gegenraum (Philosophisch-Anthroposophischer Verlag, Dornach, 2. Auflage 1970).
In diesem grundlegenden Werk sind alle geometrischen Lehrsätze lückenlos bewiesen.
Olive Whicher: Projektive Geometrie (Verlag Freies Geistesleben, Stuttgart 1970)
Ohne Beweise, mit vielen Anregungen zu eigenem Zeichnen.
George Adams: Von dem ätherischen Raume (Verlag Freies Geistesleben, Stuttgart 1964)
In diesem Taschenbuch ist das Wirken der Leichte ausführlich beschrieben.
George Adams und Olive Whicher: Die Pflanze in Raum und Gegenraum (Verlag Freies Geistesleben, Stuttgart 1979).
(In diesem Buch ist die Idee von Raum und Gegenraum auf das Wachstum der Pflanzen angewandt.)

Lehrplanvorschlag zur Bothmergymnastik

Johannes Hörner

3.–5. Klasse: Gymnastik in Reigenform

In seinem Vortragszyklus: «Die gesunde Entwicklung des Leiblich-Physischen als Grundlage der freien Entfaltung des Seelisch-Geistigen (GA 303) schildert Rudolf Steiner, wie zwischen dem 9. und 12. Lebensjahr das Muskelsystem ein intimes Verhältnis zum rhythmischen System (Blutkreislauf – Atem) hat und von hier seine Wachstumsimpulse erhält.

Von diesen Gesichtspunkten ausgehend kommt Bothmer zu der besonderen Art der gymnastischen Reigen. Die Bewegungen werden geführt durch das rhythmisch gesprochene Wort des Lehrers, das gleichzeitig mit der Bewegung durch die Bildvorstellungen auch das seelische Erleben der Kinder anregt. Sprache, Rhythmus, Bildvorstellung und äußere Bewegung bilden eine Einheit.

3. Klasse: Der Reigen charakterisiert die Entwicklungssituation der Kinder: «Wir kommen von der Weite her …» Das Bewegungserlebnis des einzelnen wird durch das Erleben der gemeinsamen Bewegung in der Gruppe von außen verstärkt (paarweises Laufen, im geschlossenen Kreis, rhythmisches Stampfen). Nur Höhe (Säulen) und Weite (Fenster) werden als Bewegung ohne Partner ausgeführt.

4. Klasse: Das «Wir» wird zum «Ich» (stehe, gehe usw.), das Bewegungsspiel wird individueller, die Bewegung selbst wird stärker von innen erlebt.

5. Klasse: Wieder deutet der Text die Entwicklungssituation an «mein Weg – dein Weg» (beginnende Geschlechtsentwicklung). Konsequent wird am Ende des Reigens der vorher vom Lehrer durch die Sprache vorgegebene Rhythmus von den Schülern synchron zur gestampften Bewegung stimmlich begleitet.

Mit diesen drei Reigen hat Bothmer Beispiele gegeben, wie das gesamte Gebiet der Leibesübungen auf dieser Altersstufe im Sinne der geschilderten Entwicklung eingerichtet werden kann. Sie bieten einerseits sehr viel Übungsstoff selbst, andererseits können sie den Lehrer anregen, selber neue Reigenformen zu entwickeln.

6.–7. Klasse: Nach dem 12. Lebensjahr hört das intime Verhältnis des Muskels zu Atmung und Zirkulation auf. Er orientiert sich jetzt nach außen (Sehne – Knochen) und empfängt seine Wachstumsreize aus der Bewegung selbst (Training). Der Bildbezug muß jetzt aufhören, Dynamik, Form und Rhythmus treten unmittelbar in das Bewußtsein des Übenden. Der Schüler beginnt, seine Bewegungen im Vollzug zu erleben.

6. Klasse: Das Erleben von innen ist zunächst mehr auf verschiedene Stellungen im Raum gerichtet. Die Bewegung ist hier noch kein selbständiger Faktor, sie dient mehr dem Verändern der Stellung im Raum. Die Sprungübungen (Spiel zwischen Schwere und Leichte) geben hier einen markanten Übergang. Der Rhythmus wird nicht mehr wie in der 5. Klasse stimmlich akustisch ausgedrückt, er wird jetzt endgültig Teil der Bewegung selbst, er entsteht erst im Vollzug, wird aber durch das Springen noch akustisch wahrnehmbar. (Spiel zwischen Schwere und Leichte, Dreieck mit und ohne Stab, Viereck mit Stab, der rollende Stab.)

7. Klasse: Nun wird die Bewegung selbst, und der durch sie entstehende Rhythmus Mittelpunkt des gymnastischen Übens und nicht die Stellung im Raum. Der Schüler öffnet sich der Weite und sucht im Gegenschlag die Enge, die Begrenzung. Der Rhythmus vermittelt zwischen den beiden Polaritäten. (Kreisschlingen, Sprung in den Mittelpunkt, Rhythmus.)

Die Zeit während der Erdenreife: Nun ist der Knochen, die Gelenkmechanik bestimmend für das Bewegungserleben der Schüler. Die harmonische, leichte Beweglichkeit ist verschwunden, eckige, schwerfällige Bewegungen prägen das Erscheinungsbild; das Erlernen neuer Bewegungsformen bereitet große Schwierigkeiten. Hier trifft am deutlichsten zu, was Rudolf Steiner in der Konferenz vom 1. 3. 23 über die Aufgaben des Turnlehrers sagte: «Der Turnlehrer hat die Aufgabe, einen Idealmenschen vor sich zu haben, der aus Linien, Formen und Bewegungsgestaltungen besteht, in den er diesen wirklichen verschlamperten, verzerrten, verrenkten Menschen, den er vor sich hat, hineingestalten muß.» Bothmer beschreibt für diese Altersstufe nur eine Übung, die in ihrem Charakter mehr der 9. Klasse entspricht. Übungen die im Zusammenhang vorher oder hinterher beschrieben werden gehören thematisch hierher.

8. Klasse: Der Schüler soll nun die Mechanik des Skelettsystems erleben. Einfache, schnelle, mehr ruckartige Bewegungen lassen den Widerstand der

Knochen spüren. Sie tragen der Tatsache Rechnung, daß das Erlernen komplizierter Bewegungen schwerfällt und führen zum Erlebnis der Gelenkmechanik. Die Ausführung von Übungen mit Eisenhanteln (0,5–1 kg) verstärken das Schwereerlebnis (Sprung in den Mittelpunkt, das gestaute Dreieck, Ausfallschritte, der Fall in den Raum).

9. Klasse: Die Bewegungen werden wieder komplizierter, Spannung-Lösung, Stauung-Entladung bestimmen den Bewegungscharakter. Das willenshafte Überwinden der Schwere nach dem Fall bestimmen den Bewegungscharakter (der Fall in den Raum, der Fall in den Punkt, der Sturz, der Rhythmus der beiden Kreuzungen).

Die Zeit nach der Geschlechtsreife: Nach der Bewältigung der Schwere und vollzogener Anpassung der Muskeldynamik an die Knochenmechanik tritt das Erfahren der Raumesqualitäten in den Mittelpunkt gymnastischen Übens.

10. Klasse: Die Qualitäten der Weite, die bewußte Beherrschung schwingender und kreisender Bewegungen, das Problem Zentrum – Peripherie bilden den Inhalt der Übungen (das Schreiten mit kreisenden Armen, die doppelte Acht, der Wirbel, Diskusschwingen, die verzerrte Höhe und Weite).

11. Klasse : Als letztes Raumproblem steht nun das Bewegen auf ein Ziel, in eine Richtung im Mittelpunkt. (Bogenschießen, Bewegung nach dem Ziel, die große Waagerechte und Senkrechte, die drei Kreise.)

12. Klasse: In den vorhergehenden Klassen (9.–11. Klasse) kann im Gymnastischen das Wesen der Seelenkräfte Denken – Fühlen – Wollen in der Bewegungsqualität und ihrer Beziehung zu bestimmten Raumesqualitäten erfahren werden. Denken – das Zielen, die Richtung; Fühlen – das Schwingende, der Umkreis; Wollen – das Überwinden der Schwere. In der 12. Klasse erfolgt nun ein Üben aller Qualitäten, die Stufe des vollausgebildeten, individuell gewordenen Bewegungserleben kann jetzt langsam erreicht werden. (Das Kreisen um die schrägstehende Achse, die Kuppel, das Kreuz und Wiederholungen früherer Übungen.)

Weitere Literatur:

Kischnik, Rudolf: Leibesübungen und Bewußtseinsschulung, Basel 1955
Prömm, Peter, Dr.: Bewegungsbild und menschliche Gestalt, Stuttgart 1978 (histor. Entwicklung der Leibesübungen; Vom Wesen der Bewegung; Bewegungs- und Gymnastikformen; Eurythmie, Heil-Eurythmie u. a. m.)
Nietzold, Jochem: Geistige Strukturen sinnvollen Turnens, Stuttgart 1978 (menschenkundliche Betrachtungen, Lehrplanvorschläge; griech. Gymnastik, Grundlage der praktischen Turnarbeit und eine *Sammlung von über 150 Kurzangaben aus* dem *Vortragswerk* zum *Turnen* und *Körperbildung* von R. Steiner)

Spezielle Würdigung der Bothmergymnastik in:
Was die Kinder spielen, 5. Aufl., Stuttgart 1979
Bewegungsspiele und Werdensstufen in: Erziehungskunst 1963
Springen mit Gewichten in Erziehungskunst 7/1963

Ausführliche weitere Literatur bei Nietzold - Geistige Strukturen (s. o.).

«Menschenkunde und Erziehung»

Schriften der Pädagogischen Forschungsstelle beim Bund der Freien Waldorfschulen

1 Die Strafe in der Selbsterziehung und in der Erziehung des Kindes
Von Erich Gabert. 6. Aufl., 118 Seiten.

2 Autorität und Freiheit in den Entwicklungsjahren – Das mütterliche und das väterliche Element in der Erziehung
Von Erich Gabert. 4. Aufl., 76 Seiten.

3 Zur ersten Tier- und Pflanzenkunde in der Pädagogik Rudolf Steiners
Ausführungen zum Seminarkurs und zum methodisch-didaktischen Kurs mit dem Lehrerkollegium der Freien Waldorfschule, Stuttgart 1919. Von Gerbert Grohmann. 152 Seiten.

4 Erziehungskunst aus Gegenwart des Geistes
Gesammelte Aufsätze aus dem Leben der Freien Waldorfschule. Von Erich Schwebsch. 178 Seiten.

5 Zur ästhetischen Erziehung
Von Erich Schwebsch. 216 Seiten.

7 Logarithmen für Jedermann
Elementare Einführung mit Hinweisen auf höhere Gesetzmäßigkeiten. Von Ernst Bindel. 98 Seiten.

8 Sinnesorganismus – Sinnesverlust – Sinnespflege
Die Sinneslehre Rudolf Steiners in ihrer Bedeutung für die Erziehung. Von Willi Aeppli. 3. Auflage 1979. 113 Seiten.

11 Krankheitsepochen der Kindheit
Von Walter Holtzapfel. 3. erw. Aufl., 100 Seiten.

12 Stoffeswelt und Menschenbildung
Chemie an einfachen Phänomenen dargestellt. Teil I. Von Frits H. Julius. 2. Auflage, 86 Seiten.

14 Handarbeit und Kunstgewerbe
Angaben von Rudolf Steiner. Von H. Hauck. 4. Aufl., 394 Seiten, 24 Schwarzweiß-, 6 Farbtafeln und mehreren Abbildungen im Text, Großformat, Leinen.

16 Deutsche Sprachlehre der Volksschulzeit
Menschenkundlich begründet nach Anregungen Rudolf Steiners. Von Martin Tittmann. 3. Auflage, 175 Seiten.

17 Die ersten drei Jahre des Kindes
Erwerb des aufrechten Ganges / Erlernen der Muttersprache / Erwachen des Denkens / Entfaltung der drei höchsten Sinne. Von Karl König. 6. Aufl., 110 Seiten.

18 Wesen und Ausbildung der Urteilskraft
Von Willi Aeppli. 80 Seiten.

20 Grundlagen einer phänomenologischen Chemie
Stoffeswelt und Menschenbildung. Teil II. Von Frits H. Julius. 317 Seiten.

21 Menschenbildung aus Kunstverständnis
Beiträge zur ästhetischen Erziehung. Von Hildegard Gerbert. 162 Seiten.

22 Von der heilenden Kraft des Wortes und der Rhythmen
Die Zeugnissprüche in der Erziehungskunst Rudolf Steiners. Von Heinz Müller. 2. Aufl., 120 Seiten.

23 Das Tier zwischen Mensch und Kosmos
Neue Wege zu einer Charakteristik der Tiere. Von Frits H. Julius. 324 Seiten.

24 Die Hiberniaschule
als Modell einer Gesamtschule des beruflichen Bildungsweges. Von K. J. Fintelmann. 170 Seiten, 16 Abb., zahlr. Tab.

25 Erziehung zur Freiheit

Die Pädagogik Rudolf Steiners. Bilder und Berichte aus der internationalen Waldorfschulbewegung. Von Frans Carlgren und Arne Klingborg. 3. Aufl., 208 Seiten, über 200 meist farbige Abb., großes Querformat, Leinen.

26 Säugetiere und Mensch

Zur Gestaltbiologie vom Gesichtspunkt der Dreigliederung. Von Wolfgang Schad. 296 S. mit 95 Zeichnungen, 44 Schwarzweiß- und 4 Farbtafeln.

27 Der Anfangsunterricht im Schreiben und Lesen

in seiner Bedeutung für das Lernen und die Entwicklung des Kindes. Von Erika Dühnfort und E. M. Kranich. 2. Aufl., 81 Seiten.

28 Die Bedeutung der Phantasie für Emanzipation und Autonomie des Menschen

Die «sinnige Geschichte» als ein Beispiel für die Phantasiepflege in den ersten Volksschuljahren. Von Erhard Fucke. 94 Seiten.

29 Der künstlerische Unterricht in der Waldorfschule

Von Fritz Weitmann und Margrit Jünemann. 2. Auflage, 244 Seiten mit 30 farbigen Abbildungen, Leinen.

30 Die Sozialgestalt der Waldorfschule

Ein Beitrag zu den sozialwissenschaftlichen Anschauungen Rudolf Steiners. Von Stefan Leber. 2. Aufl., 240 Seiten.

31 Lichtlehre

Von Frits H. Julius. (In Vorbereitung.)

32 Bildgestaltung und Gestaltenbilder

Aufsätze zum Kunstunterricht in der Freien Waldorfschule. Von Ernst Uehli. 99 Seiten.

33 Die Formensprache der Pflanze

Beiträge zu einer kosmologischen Botanik. Von Ernst Michael Kranich. 2. Auflage 1979. 192 Seiten mit 64 Zeichnungen.

34 Von der Zeichensprache des kleinen Kindes

Spuren der Menschwerdung. Von Michaela Strauss. Mit menschenkundlichen Anmerkungen von Wolfgang Schad. 2. Aufl., 96 Seiten mit 25 farbigen und 60 einfarbigen Abb.

35 Bewegungsbild und menschliche Gestalt

Vom Wesen der Leibesübungen. Von Peter Prömm. 158 Seiten.

36 Lautwesenskunde. Erziehung und Sprache

Von Martin Tittmann. 158 Seiten.

37 Erziehungsaufgaben und Menschheitsgeschichte

Gesammelte Aufsätze von Walter J. Stein. 94 Seiten.

38 Der Sprachbau als Kunstwerk

Grammatik im Rahmen der Waldorfschule. Von Erika Dühnfort. 344 Seiten.

39 Geschlechtlichkeit und Erziehungsauftrag

Ziele und Grenzen der Geschlechtserziehung. Von Stefan Leber. 140 Seiten.

40 Die Waldorfschule baut

Architektur der Waldorfschule 1920–1980. Von Rex Raab und Arne Klingborg. (In Vorbereitung)

41 Zeugnis-Sprüche

Eine Sammlung von etwa 300 Zeugnissprüchen für die Klassen 1–8. Von Martin Tittmann. ca. 150 Seiten.

42 Gymnastische Erziehung

Von Fritz Graf v. Bothmer. Herausgegeben von Dr. G. Husemann. Zweite bearbeitete und erweiterte Auflage. 176 Seiten. Mit zahlreichen Abbildungen.